인생 스케치

■ **필로**는 사랑 주는 책, 사랑받는 책을 만듭니다.

아름다운 시간, 공간, 삶을 위한

인생 스케치

초판 1쇄 발행 2024년 6월 25일

지은이 배창돈
펴낸이 고경원
펴낸곳 필 로   **디자인** 필로디자인

등 록 제2013-000233호(2013년 12월 6일)
주 소 서울시 양천구 목동동로 437, 1103
전 화 (02)3489-4300 **팩스** (02)3489-4329
E-mail suvackoh@naver.com

Printed in Korea.

ISBN 979-11-88480-14-2 03230

※ 책값은 뒤표지에 있습니다. 잘못된 책은 구입하신 곳에서 교환해 드립니다.

아름다운 시간, 공간, 삶을 위한

인생 스케치

배창돈 지음

PHILO

사람은 누구나 행복을 꿈꾸며 나름대로의 행복을 스케치한다.

사람에게 행복은 무엇일까?

대부분의 사람들은 행복을 잡기 위해 힘을 다해 달린다.

한 소년이 마루에 걸터앉아서 아름답고 영롱한 일곱 색의 무지개를 바라보고 있었다. 너무나 아름다운 무지개를 보고 소년의 마음이 뛰기 시작했다.

한참을 무지개를 바라보고 있던 소년은 마음속으로 큰 결심을 했다.

'저 무지개를 가져다가 뜰 안에 놓으면 얼마나 아름다울까! 저 무지개를 잡아 와야 되겠다.'

소년은 어머니한테 무지개를 잡으러 가겠다고 말했다.

"얘야, 무지개는 못 잡는단다. 멀리 하늘 끝 닿는데 있어서 도저히 잡지 못한단다."

"아니에요. 저 들판 건너 숲 위에 걸려 있는데……."

"정 그러면 들판 건너 저 숲까지 가 보고, 거기서 잡지 못하거든 꼭 돌아와야 한다."

"어머니! 그럼 제가 얼른 가서 잡아 올게요. 꼭 기다려 주세요."

소년은 어머니의 만류에도 무지개를 잡기 위해 들판으로 달려갔다. 아들을 바라보는 어머니의 눈가에는 눈물이 흘러 내렸다.

　소년은 부지런히 걸어서 힘을 다해 들판을 건너갔다. 그리고 바라던 숲까지 이르렀다. 그러나 이상했다. 무지개는 그곳에 있지 않았다. 찬란히 빛나는 무지개는 더 멀리서 아름다운 모습을 뽐내고 있었다.

　소년은 생각했다. ‘가까워지기는 가까워졌어. 그러나 좀 더 가야겠구나.’

　소년은 높은 산을 하나 넘었다. 그러나 무지개는 좀처럼 잡을 수가 없었다. 기운이 빠져 쓰러졌다가 다시 일어나 또 달려 산중턱에 이르렀지만 무지개는 만지지 못했다.

　그리고 산 아래까지 내려갔지만 무지개는 역시 멀리 물러서 있었다.

　그러나 눈앞에 커다랗게 보이는 무지개에 소년은 용기를 내어 다시 걸었다.

　소년은 강을 건너며 생각했다.

　‘조금만 더 가면 잡을 수 있을 거야’

　마음을 다잡고 걷고 또 걸었다. 가다가 자고 또 일어나 걸었다. 간혹 자기처럼 무지개를 잡으러 가는 사람을 만나서 서로를 격려하며 걸었다.

　위태로운 산길, 험한 골짜기, 가파른 언덕, 깊은 물, 온갖 고난이 소년을 괴롭혔다.

　그러나 그는 더욱 큰 용기와 희망을 가지고 무지개를 향하여 가까이 갔다. 얼마를 더 가자, 소년은 마침내 한 발짝도 더 내디딜 수가 없게 되었다.

　그리고 그는 거기에서, 무지개를 도저히 잡을 수 없다는 것을 처음으로 깨달았다.

　그는 몸을 아무렇게나 땅에 내던졌다. 그리고 드높은 하늘을 쳐다보았다.

　'아아, 무지개란 기어이 사람의 손으로는 잡지 못하는 것인가?'

　그는 여기서 그 야망을 마침내 접기로 결심했다.

　그런데 이상한 일이 생겼다. 물가에 비친 자신의 얼굴이 이상했다. 검던 머리가 하얗게 세고, 얼굴에는 수없이 많은 주름살이 잡혔다.

오래전 교과서에 실렸던 김동인의 단편소설 「무지개」의 내용이다.

　대부분의 사람은 행복을 소유로 생각하고 소유하기 위해 힘을 다하며 살아간다.

　인생의 행복을 계획하는 사람들, 행복하기를 원하는 사람들을 위해 이 책을 썼다. 이 책을 보는 당신도 분명 행복하기 위해 노력하고 있을 것이다. 행복하기 위해 달렸으나 인생의 행복을 얻지 못해 아파하고 있지는 않은지……

　행복을 생각하고 인생의 스케치를 시작했다면 이 책을 통해 길을 알게 될 것이다.

　　　　　　　　　　　　　　　　　　　　　　　배창돈 목사

차례 ━━━━━━━━━━━━━━━━━━━━━━━━━━

CHAPTER **3**

아름다운 삶을 위한 스케치

Sketch of Life

이것을 너희에게 이르는 것은
너희로 내 안에서 평안을 누리게 하려 함이라
세상에서는 너희가 환난을 당하나
담대하라 내가 세상을 이기었노라

(요한복음 16:33)

Sketch of Life

CHAPTER *1*

아름다운 시간을 위한 스케치

SKETCH OF LIFE

1

봄의 노래

만물이 움직이는 곳이 있다. 바로 봄이라는 공간이다.

동면을 마치고 얼굴을 내미는 개구리 가족들의 노래, 겨울동안 휴식한 농부들과 그의 친구들의 기지개는 삶의 경기장에서 보여줄 멋진 묘기에 앞선 준비운동이라고 할 수 있을 것이다.

준비운동이 끝난 후 출발선 위에 도열하여 선 선수들은 골인 지점만을 염두에 둔다. 되돌아오는 추위나 황사 현상쯤은 안중에도 없는 것이다.

봄이 되었으니 사랑하는 자의 손을 잡고 뛰어보고 싶고, 흐트러졌던 삶의 다이얼을 맞추려고 마음에서부터 용트림치는 봄의 청춘들……. 인생의 주제가 사랑이듯이 그들의 주제도 사랑일 것이다.

봄이라는 사랑의 기운을 만든 분은 하나님이시다.

다윗은 봄을 이렇게 노래하고 있다.

"주께서 밭고랑에 물을 넉넉히 대사 그 이랑을 평평하게 하시며 또 단비로 부드럽게 하시고 그 싹에 복을 주시나이다"(시편 65:10).

봄이 하나님의 사랑으로 시작되었듯이, 봄과 함께 사랑하려는 솔로몬의 노래는 봄과 친구하고 싶은 모든 이들의 마음을 한껏 부풀게 한다.

"겨울도 지나고 비도 그쳤고 지면에는 꽃이 피고 새가 노래할 때가 이르렀는데 비둘기의 소리가 우리 땅에 들리는구나 무화과나무에는 푸른 열매가 익었고 포도나무는 꽃을 피워 향기를 토하는구나 나의 사랑, 나의 어여쁜 자야 일어나서 함께 가자"(아가서 2:11~13).

사람들은 봄을 노래한다.

베토벤은 바이올린 소나타 5번 바장조에서,
슈만은 교향곡 제1번 내림나장조에서,
비발디는 합주 협주곡 사계에서,
그리고 브람스는 「봄의 노래」를,
슈트라우스는 「봄의 소리」를······.

봄의 친구들이여!
비록 변하기 잘하는 날씨를 가진 봄이지만, 다가오는 봄의 소리와 함께 무엇인가를 이루기 위한 봄의 노래를 부르지 않겠는가!

"땅이 있을 동안에는 심음과 거둠과 추위와 더위와 여름과 겨울
과 낮과 밤이 쉬지 아니하리라"(창세기 8:22).

2

새해의 각오

오늘은 1989년 2월 6일이다. 음력으로는 1월 1일이니 어릴 적 그렇게도 기다리던 설날인 것이다. 그러나 목사가 된 오늘, 그 옛날 즐거워하던 때는 멀리 사라져 버린 추억의 한 부분으로 남아 있을 뿐이다. 새옷을 입는 날, 맛있는 음식을 먹는 날의 즐거움을 크게 느끼지 못하는아이들이 많아진 것은 물질의 풍요로움이 가져다 준 결과일 것이다.

전도사가 된 이후부터 목사가 된 지금까지 명절이나 부모님의 생신이 되어도 찾아뵐 수 없는 안타까움이 이제는 아무런 느낌 없이 받아지고 있으니, 주어진 상황이 사람을 변하게 만드는 것임에는 틀림이 없는 것 같다. 아침 일찍 부모님께 전화를 드리려고 했으나 올해도 어김없이 아버지로부터 먼저 전화가 왔다.

"뭘 좀 해 먹었나?"

"아이들은 잘 있고 며느리 건강은 괜찮나?"

항상 부모님께 죄스러울 뿐이다. 너무 멀리 떨어져 있어 쉽게 찾아뵐 수도 없는 것이다.

새로운 시간의 시작은 모든 것이 새롭게 보이며 내일도 아름다울 것이라는 기대를 가지는 움직이는 활력점이다. 그런데 많은 사람들은 다가오는 시간을 위해 알 수 없는 제사를 한다. 고대 그리스나 로마 사람들은 이아누스(Ianus)라는 신을 만들고 만물의 시초를 주장하는 신으로 숭배했다. 그래서 그들은 정월이 되면 이 신에게 축복을 빌었다. 알지 못하는 신에게까지 자신의 편이 되어달라고 조르는 것이다.

영국 선교사로 아프리카 전도의 개척자인 리빙스턴은 1866년, 저물어가는 마지막 저녁 이렇게 기도했다.

> "오 전능하신 하나님!
> 나 자신을 하나님께 맡기오니
> 내 소원을 이루소서.
> 1866년도에 지은 바 모든 죄를
> 예수의 이름으로 용서하옵소서."

일평생 사는 동안 수십 여회를 맞이하는 새해가 사람에 따라 횟수는 다를지라도 그 날 만큼은 항상 새로운 것은 새로워지기를 원하는 사람들의 마음을 잘 보여주는 단면일 것이다.

"오 주님!
시간의 새로움을 기대하듯이 날마다의 삶이 주님으로 인해 새로워지게 하소서."

> "그런즉 누구든지 그리스도 안에 있으면 새로운 피조물이라 이전 것은 지나갔으니 보라 새 것이 되었도다" (고린도후서 5:17).

> "일 년의 첫날은 새로운 생활이 시작되는 시초다. 그리고 위대한 새로운 행함의 시초다." (페스탈로치).

3

첫걸음

미국의 실업가 카네기(Carnegie Andrew, 1835~1919)는 어린 시절 매우 불우했다. 본래 스코틀랜드에서 태어났으나 가정이 어려워 아버지를 따라서 미국으로 이민했는데 그래도 가정은 여전히 어려웠다.

그의 어머니는 하루 16~18시간씩 일을 했고 밤에는 카네기의 하나밖에 없는 내의를 매일 빨았다. 어머니의 수고를 가슴 아프게 생각한 카네기는 22세 되던 해에 어머니께 다음과 같은 서약을 했다. "어머니가 돌아가시기 전에는 결코 결혼을 하지 않을 것이며 많은 돈을 벌어 편안히 모시겠습니다." 카네기는 약속을 이루기 위해 어머니가 돌아가시기 전까지 결혼도 하지 않고 뼈를 깎는 노력으로 드디어 세계의 강철 왕이 되었고, 어머니에게도 최선을 다했다. 그는 어머니가 돌아가신 후 52세에 비로소 결혼을 했고 62세에 첫 아들을 두었다.

부모에게 잘못이나 결점이 많이 있을지언정 자녀를 낳아 양육한 부모의 사랑은 위대한 힘이 있다.

어릴 적 잠자리에 들기 전에 살며시 방문을 열고는 이불을 고이 덮어주시고 이마에 입술을 맞추시던 분이 어머니이셨다. 가정예배시간에 매일 눈물로 기도하시던 어머니의 모습이 생생하다. 사랑의 마음으로 호되게 야단치시던 아버지와 함께 어머니의 따뜻한 사랑의 기도가 오늘날까지 내게 큰 영향을 끼치고 있음을 깨닫는다.

자녀들은 세상에서 자신을 복되게 하는 것이 바로 부모 사랑임을 알고 부모 공경에 힘을 쏟아야 한다. 부모와의 관계가 잘못된 사람이라면 그가 아무리 이웃에게 잘해도 복된 자는 아니다.

소크라테스는 "자기 부모를 공경할 줄 모르는 자와는 친구가 될 수 없다. 그는 인간의 첫걸음을 벗어났기 때문이다"라고 말했다.

인간의 첫걸음!

하나님께서 인간관계의 첫 번째 계명으로 주신 것도 부모공경이다.

부모공경은 하나님과의 관계 뿐 아니라 모든 인간관계에서의 첫걸음인 것이다.

"네 부모를 공경하라 그리하면 네 하나님 여호와가 네게 준 땅에
서 네 생명이 길리라" (출애굽기 20:12).

"네 부모를 즐겁게 하며 너를 낳은 어미를 기쁘게 하라" (잠언
23:25).

"어버이께 효도하면 자식이 또한 효도하나니 이 몸이 이미 효도하
지 못하였으면 자식이 어찌 효도할 것인가." (장자).

4

솔로몬의 인생론

하나님께서 인생에게 주신 생명은 그렇게 길지 않다. 길어야 100년 정도이다. 날수로 계산하면 삼만 오천 여일 정도다

교회에 열심히 나오는 여든이 다 된 할머니 한 분이 하루는, "목사님, 제가 연지 찍고 시집오던 때가 엊그제인데 벌써 이렇게 늙었습니다."라고 말하는 것이었다. 그 분의 말 속에는 지난날을 회고해 보는 깊은 회한이 서려 있었다.

세상에는 아무 의미 없이 목적 없이 시간만 보내는 사람들이 너무나 많다. 그저 다가오는 시간을 무의미하게 보내 버린다.

하나님께서 주신 시간 속에서 하나님께서 주신 목적을 가지고 살아야 한다. 하나님께서 주신 목적을 이루기 위해 뜻을 품고 땀 흘렸던 사람들의 이름은 모든 인류의 기억 속에 아직도 남아있다.

영국 선교사로 남아프리카 전도를 위해 한평생을 바친 리빙스턴(David Livingstone, 1813~1873)은 17세 때에 이미 뜻을 정했다. 영국의 목사로 구세군을 창설하여 런던의 빈민가 전도를 개시하여 각종 사회의 구제 사업을 행했던 윌리엄 부드(William Booth, 1829~1912) 역시 15세 때에 이미 구제 사업에 뜻을 두었다. 또한 감리교의 창설자가 된 존 웨슬리(John Wesley, 1703~1791)도 대학시절 그의 목표를 설정하여 유럽에 커다란 신앙의 바람을 일으킬 수 있었다.

웨스트민스터 소요리문답 제1문에는 다음과 같은 내용이 기록되어 있다.

문 : 사람의 제일 되는 목적이 무엇인가?
답 : 하나님을 영화롭게 하며 영원토록 그를 즐거워하는 것입니다.

인생의 제일 되는 목적은 반드시 알아야 하는 필수적인 것이다. 그러나 목적은 있으되 바르게 살지 않으면 후회만 남게 된다.

이스라엘의 3대왕 솔로몬은 역대 왕들 중 가장 부귀와 영화를 누린 왕으로 유명하다. 그의 지혜는 모든 사람이 흠모하는 대상이 되고 있다. 그러나 그는 그의 인생론이라고 할 수 있는 전도서의 맨 처음을 "헛되고 헛되며 헛되고 헛되니 모든 것이 헛되도다." 라고 말하고 있다. 이 내용에서 한 평생의 재물, 부귀, 지혜 등 자신이 누린 모든 것을 포함시키고 있음을 볼 때 놀라지 않을 수가 없다. 그는 인생론을 끝맺으면서 이렇게 고백한다.

"일의 결국을 다 들었으니 하나님을 경외하고 그의 명령들을 지킬지어다 이것이 모든 사람의 본분이니라 하나님은 모든 행위와 모든 은밀한 일을 선악 간에 심판하시리라"(전도서 12:13~14).

솔로몬은 인생의 결산을 하나님 앞에서 받는다는 사실을 분명히 기록하고 있다.

우리는 하나님 앞에서 살고 하나님 앞에서 결산해야 하는 피조물이다. 더 늦기 전에 나를 향한 하나님의 기대는 무엇인지 깊이 생각하여 삶의 목적을 재점검해야 할 것이다.

"이는 만물이 주에게서 나오고 주로 말미암고 주에게로 돌아감이라 그에게 영광이 세세에 있을지어다 아멘" (로마서 11:36).

"목적 없이 산다는 것은 위험한 일이다. 또 목적이 있더라도 그것이 낮거나 희미하다면 죄악에 가까이 서 있을는지 모르기에 위태하다." (워너 메이커).

5
상처 난 감정

　사람은 감정의 동물이다. 감정에 의해 일을 처리하여 일을 그르치기도 한다. 웃기도 하고 울기도 하는 인간의 감정은 하나님께서 주신 선물이라고 할 수 있다.

　G. 플로베르는 「보봐리 부인」이라는 작품과 함께 「감정교육」이라는 소설로 널리 알려진 프랑스 작가이다. 그의 저서 「감정교육」에 보면, 지방출신의 젊은이 프리데리크는 명성과 사랑을 꿈꾸고 파리로 나왔다. 하지만, 젊은 청년의 감정을 충동시키기에 적합한 도시 파리는 그를 이성에 대한 유혹으로 몰아넣는다. 사교계의 여인과 귀부인과의 덧없는 사랑도, 유부녀인 아르노부인에 대한 열렬한 사랑도 아무런 결실을 맺지 못하자, 그는 허망함과 권태로움의 구덩이 속으로 빠져 들어가고 지울 수 없는 감정의 상처만을 남긴다.

　상처 때문에 나타나는 현상은 다양하다. 자신감의 부족, 정서적 불안정, 사랑에 대한 거부감, 대인 공포, 사람이나 사물에 대한 혐오감 등으로 나타난다.

　그런데 감정의 상처는 여러 가지 발생 원인이 있다. 신체적 혹은 생리적 원인, 심리적 원인, 문화적 원인, 사회적 원인, 가정적 원인 등이다.

　어떤 원인에서 시작되었든지 상처받은 감정은 치료되어야 한다. 상처 난 감정의 치료 없이는 원만한 생활을 할 수 없다. 특히 그리스도인에게 있어 상처 난 감정은 신앙생활을 방해하는 요소가 된다.

상한 감정을 치유하기 위해서는 우선 상한 감정의 발생 시기와 발생의 원인을 알아야 한다. 물론 쉬운 일이 아니다. 성령님의 도움이 필요하다. 성령님의 도우심으로 발생 원인을 알았으면 그 문제를 놓고 하나님께 치유의 방법을 완전히 의탁할 때, 과거와 현재를 넘나드실 수 있는 하나님께서는 과거에 있었던 깊은 상처까지도 완전히 싸매어 주시는 것이다. 영혼의 의사이신 하나님께서는 과거의 상처에 사로잡혀 현재와 미래라는 시간을 고통 속에 사는 자에게 대수술을 시작하시므로 연약한 것을 친히 담당하시고 병을 고치시는 분임을 확증하실 것이다.

어느 자매가 도무지 사랑할 수 없는 자신의 마음을 놓고 기도하는 중에 어릴 때 사랑이 무엇인지 모르고 자랐던 자신의 모습을 보았다. 아버지에게서 억눌렸던 감정이 있음을 알고는 다시 기도하는 중에 부모의 사랑을 모르고 자랐던 그 시간에도 주님께서는 함께 하셨음을 알았다. 또한 아버지의 잘못된 성격 역시 그의 부모로부터 형성되었다는 사실을 알고는 오히려 그의 아버지를 불쌍히 여기며 그 아버지를 용서해달라고 눈물로 기도한 후에 그의 상한 감정은 깨끗이 치유되었다고 한다.

예수님의 십자가 사랑으로 치유받지 못할 상처는 없다. 예수님을 주인으로 모시고 주님의 뜻을 행하다 보면 도무지 해결할 수 없었던 상처를 주님께서 하나씩 치유해 주심을 경험하게 된다.

지금 아파하고 있는 상처를 주님께 내어놓고 간절히 구하고 주님께서 주시는 말씀 앞에 순종하면 예수님을 통해서 치유 받게 될 것이다.

"상한 갈대를 꺾지 아니하며 꺼져가는 등불을 끄지 아니하고 진실로 정의를 시행할 것이며" (이사야 42:3).

"이는 선지자 이사야를 통하여 하신 말씀에 우리의 연약한 것을 친히 담당하시고 병을 짊어지셨도다 함을 이루려 하심이더라" (마태복음 8:17).

6
열등감의 극복

다른 사람에 비해 자신의 능력이 부족하다는 만성적인 의식이 열등감이다.

이 열등감은 여러 방면에서 비롯된다. 특히 외모나 병에 의한 장애 때문에 열등감 속에서 헤어나오지 못하는 사람들이 많다. 그러나 이 열등감의 조건을 극복하고 크게 성공한 사람들도 많다.

스위스의 어니벨츠는 키가 겨우 120cm밖에 되지 않는 난장이였다. 이미 나이가 서른 살에 가까웠으나 그에게는 도무지 희망이 없었다.

결국 그는 미국으로 이민을 가서 새로운 도전을 시작하기로 했다. 그러나 미국 도착과 함께 또다시 수많은 난관이 앞을 가로막고 있었다. 어디를 가든지 그는 호기심과 장난기의 대상이 되었다.

그러던 중 어느 교회의 특별한 모임에 초청되었는데, 사람들이 그를 조금도 이상하게 보지 않고 있음에 위로를 받았다. 그리고 두 달쯤 뒤에 〈하나님의 계획이 나의 삶 속에도 있다〉는 주제의 강연을 듣고 용기를 가지기 시작했다. 자신같이 볼품없는 자도 사용하신다는 사실을 알고 비로소 인생의 계획을 세우고 지금까지 자신을 가두어 두었던 열등감이라는 사슬을 풀기에 이르렀다.

이후 그의 삶은 창조적으로 변화되었다. 모든 일에 적극적으로 참여하게 되고 그의 능력을 사람들에게 인정받게 되어 아프리카의 어느 교육기관의 책임자로 일하게 되었다.

사람은 결코 실패하기 위해 태어나지 않았다.

실패는 자기의 마음에서부터 시작되는 것이다. 사람에게 주어진 무한한 가능성 역시 어떤 환경이나 조건에 있는 것이 아니라 마음속에 있다. 결국 열등감이라는 사슬에 매여 있는 동안은 그 무엇도 할 수 없는 것이다.

하나님께서 보시는 것은 용기와 노력, 그리고 인내를 통한 열매일 것이다.

자신의 병을 바라보면서 한탄하지 않고 예루살렘 성전 근처의 연못 베데스다에서 물이 동하기를 기다린 38년이나 된 병자가 예수님을 만나 건강한 정상인이 되었듯이, 용기 있는 자가 하나님의 도우심도 받을 수 있다는 사실을 마음에 새겨야 할 것이다.

> "이것을 너희에게 이르는 것은 너희로 내 안에서 평안을 누리게 하려 함이라 세상에서는 너희가 환난을 당하나 담대하라 내가 세상을 이기었노라" (요한복음 16:33).

> "자기를 도우시는 이가 무소불능(無所不能)하시다고 믿는 사람은 결코 낙망할 수 없다." (J.테일러).

7

사랑하시는 그분

청년 성경공부 시간에 한 여학생이 한 주간 동안의 감사한 일에 대해 간증했다. 매일 차를 타고 통학하면서도 감사하다는 생각을 하지 못했는데, 월요일에는 꾸물거리다 평소에 타는 통학버스를 놓치고 그 다음 버스를 타고 학교에 가니 친구들이 살아서 돌아왔다고 축하를 해 주더라는 것이다. 알고 보니 매일 타고 다니던 통학버스가 마주 오던 차와 정면충돌하여 많은 학생들이 다쳤고 어떤 학생은 다리를 절단하기도 했다는 것이었다. 그 소식을 듣는 순간 다른 친구들에 대한 염려와 함께 자신을 돌봐주신 하나님의 보호의 손길에 새삼 감사드리지 않을 수 없었다고 한다.

오래 전 마산 근처 교회에서 전도사 생활을 할 때 일이다. 월요일 새벽 기도를 인도하고 매일 타고 다니던 버스를 타기 위해 나가려는데 한 청년이 찾아와 상담을 요청했다. 상담을 마치고 나니 한 시간은 더 지체된 것 같았다. 다음 버스를 타고 길가에 늘어진 가로수를 스치며 달리는데 얼마쯤 가다보니 앞차가 길옆에 처박혀 있었다. 그 차를 보는 순간 '주님께서 나를 너무도 사랑하시는구나!' 하는 생각이 들었다. 만약 내가 평소처럼 차를 탔다면 어떻게 되었을까?

자신을 사랑하지 않는 사람은 없다. 그러나 그 사랑이 너무도 보잘 것 없음을 깨달을 때 자신을 향해 다가오는 더 큰 사랑의 손에 관심을 가지게 된다. 바로 하나님의 사랑이다. 하나님의 사랑은 완전해서 빈틈이 없다. 내가 세상에 태어나기 전부터 관심을 보인 사랑, 그 사랑은 나의 처음부터 마지막까지 함께 해 주신다. 바로 한 분밖에 없으신 외아들 예수님을 이 세상에 보내주신 말로 표현할 수 없는 하나님의 사랑인 것이다.

나 자신보다 더 나를 사랑하시는 그 분의 사랑에 휩싸여 있는 사람이야말로 참으로 삶의 맛이 무엇인지 깨닫게 된다.

시골 목사로 물질의 어려움을 당하며 치즈 공장에서 일을 하면서 하나님의 사랑에 감사하며 살던 프레데릭 M 레이만 목사가 쓴 〈The Love Of God〉이라는 찬송은 어떤 문제도 해결할 수 있는 창조주의 사랑을 잘 나타내고 있기에 오늘도 소리 높여 찬양하고 싶다.

> "그 크신 하나님의 사랑 말로 다 형용 못하네.
> 저 높고 높은 별을 넘어 이 낮고 낮은 땅 위에
> 죄 범한 영혼 구하려 그 아들 보내사
> 화목제로 삼으시고 죄 용서 하셨네.
> 하나님의 크신 사랑은 측량 다 못하네
> 영원히 변치 않는 사랑 성도여 찬양하세"

"하나님이 세상을 이처럼 사랑하사 독생자를 주셨으니 이는 그를 믿는 자마다 멸망하지 않고 영생을 얻게 하려 하심이라" (요한복음 3:16).

"어디에선가 하나님을 본 사람은 없으나 우리가 서로 사랑하게 된다면 하나님은 우리의 품 안에 깃들게 될 것이다." (톨스토이).

8

죄를 사함 받는 유일한 길

프란시스 파일(1720~1780)이라는 스위스 군인은 결투에서 한 남자를 죽였다. 그는 그 죄책감을 이기지 못하여 뉴저지에 있는 어느 동굴에 들어가 속죄하기 위해 24년간 두문불출하며 불도 피우지 않고 날곡식으로 연명했다고 한다.

자신이 지은 죄 때문에 괴로워하고 양심의 가책 때문에 기쁨이 없는 사람들이 많음을 볼 수 있다. 그래서 많은 사람들이 선행이라는 길을 선택한다. 과거의 죄를 대신하여 고행하며 한 평생 선을 행하여 자신의 과거를 덮어보려고 한다.

어느 날, 한 젊은이가 친구와 말다툼 끝에 순간적인 분을 참지 못하여 한 대 때린 것이 그만 그 친구를 죽음으로 몰아넣고 말았다. 친구의 죽음을 본 순간 세상이 무너지는 것 같은 좌절감 속으로 빠져 들어갔고 고통에 몸부림을 쳤다. 그 순간 멀리서 살려달라는 비명소리가 들렸다. 달려가 보니 한 사람이 물에 빠져 허우적거리고 있었다. 그는 재빨리 물속으로 뛰어들어 자신의 목숨을 걸고 그 사람을 구해 주었다. 결과적으로 그는 한 사람을 죽이고 한 사람을 살려냈다.

한 사람을 구해 준 것은 선행임에 틀림이 없다. 그러나 그 선행 자체가 한 사람을 죽인 죄를 씻어줄 수는 없다. 죄는 선행으로 갚을 수 없는 것이다. 그러기에 공자는 죄 짓지 말 것을 강하게 역설하였고, 석가는 죄 많은 세상을 떠나 산속으로 들어가 버렸다.

그런데 문제는 이 죄를 사함 받을 수 있는 방법을 제시한 사람이 한 사람도 없다는 사실이다. 이 방법은 창조주이신 하나님만 가지고 계시기 때문이다. 하나님은 모세를 통해 이스라엘 백성에게 죄를 용서받을 수 있는 제사법을 가르쳐 주셨다. 이 제사법은, 사람이 지은 죄를 양이나 염소, 송아지 등을 잡아서 제사 지냄으로 하나님께서 인간의 죄를 용서해 주신 것이다. 그리고 하나님은 외아들 예수님을 이 땅에 구원자로 보내주셨다. 예수님은 우리의 모든 죄를 짊어지시고 십자가에 못박혀 죽으심으로 우리 모든 죄를 단번에 다 갚아주셨다. 바로 예수님께서 어린 양으로 오셔서 속죄 제물이 되신 것이다.

세례 요한은 예수님을 향해 "보라 세상 죄를 지고 가는 하나님의 어린 양이로다"라고 말했다. 예수님은 전 인류의 죄를 지고 돌아가신 유일한 구원자이신 것이다.

우리의 죄를 대신하여 죽어 준 분, 그 분은 유일하게 예수 그리스도뿐이다. 나를 구원하기 위해 내 대신 십자가에서 돌아가신 예수님은 말씀하셨다.

"내가 곧 길이요, 진리요 생명이니 나로 말미암지 않고는 아버지께로 올 자가 없느니라."

사람이 감히 할 수 없는 말이다. 참 구원자만이 할 수 있는 선포인 것이다.

세상에서 최고의 지식과 명예를 소유했다고 자만하던 바울 사도는 구원의 진리를 깨달은 후 구원의 길이 있음을 전하고 또 전했다.

"주 예수를 믿으라, 그리하면 너와 네 집이 구원을 얻으리라"

자신의 주관적인 선행은 결코 구원의 조건이 아니다. 하나님께서 제시하신 구원의 길, 즉 예수님이 내 죄를 대신하여 돌아가신 분임을 믿는 그 믿음으로 구원 받는 것이다.

예수를 믿는 순간 죄로부터 해방되어 하나님의 자녀로서의 모든 특권을 누리게 될 것이다.

> "인자가 온 것은 섬김을 받으려 함이 아니라 도리어 섬기려 하고 자기 목숨을 많은 사람의 대속물로 주려 함이니라" (마태복음 20:28).

세상 일 그렇게 많을 때
주님 내게 오셨습니다.
그리고 나를 불렀지요.
"주님 갈 수 없습니다. 할 일이 너무 많아요."
그러나 난 저항할 수 없었고
주님을 따랐습니다.

우리 함께 걸어갈 때
주님 내게 말했습니다.
"네가 세상일을 버렸으니 내가 다 기억하노라."
그 때 나는 보았습니다.
상처 난 손바닥과 가시 면류관을

써야 할 가시 면류관도
져야 할 십자가도

내겐 없으니 갈 수 없었습니다.
"아들아 나를 따르라"
주님이 내게 말씀하시고
나와 함께 골고다 언덕에 도착했습니다.

〈그리고 우리 골고다 언덕에 / 엘라 고플린 패터슨〉

9
영원한 생명을 주실 분

시리아 왕 안티오커스 에피파네스는 유대인을 박해한 왕으로 유명하다.

그의 박해를 기록한 마카비서에 보면 일곱 형제와 어머니가 순교한 내용이 기록되어 있다.

그가 왕위에 오른 후 주전 168년 예루살렘을 점령하고는 팔만 팔천 명의 남자와 여자, 그리고 아이들을 학살했는데, 그때 아들 일곱 명과 함께 어머니가 왕 앞으로 끌려갔다. 왕은 믿음과 관습을 버린다면 용서해주겠으니 율법에 금지되어 있는 돼지고기를 먹도록 강요했다. 그때 맏형이 나서서 "우리 조상의 법을 어기느니 차라리 죽고 말겠습니다."라고 말하자, 화가 난 왕은 혀를 자르고 머리카락을 밀고 사지를 잘라서 뜨겁게 달군 가마솥에 넣어버렸다. 비참한 광경을 본 동생들과 어머니는 서로 격려하며 아름다운 죽음을 맞이하자고 말했다.

둘째 아들은 머리가죽이 머리카락 째 벗겨진 후 고문에 못 이겨 죽어가면서 말했다. "못된 악마야, 너는 우리를 죽여 이 세상에 살지 못하게 하지만 이 우주의 왕이신 하나님께서는 그의 법을 지키기 위해 죽은 우리를 다시 살리셔서 영원한 생명을 누리게 할 것이다."

셋째 아들 역시 산 채로 살가죽이 벗겨져 죽었고, 넷째는 혀가 잘렸고, 다섯째는 투석기에 매여 사지가 찢겨졌고, 여섯째는 시뻘건 송곳으로 고문을 당하다가 불에 태워졌다. 그러는 동안 그의 연로한 어머니는 끝까지 절개를 지킬 것을 권하면서 이렇게 말했다.

"너희에게 목숨을 주어 살게 하신 이는 내가 아니며, 또 너희들의 신체 각 부분을 제자리에 붙여준 것도 내가 아니다. 너희들은 너희 자신보다 하나님의 법을 더 중요하게 생각하고 있으니 사람이 출생할 때 그 모양을 주시고 만물을 형성하신 창조주께서 자비로운 마음으로 너희에게 목숨과 생명을 다시 주실 것이다."

그때까지 살아있던 막내아들에게는 왕이 명예와 재물, 높은 관직까지 주며 자기의 친구로 삼겠다고 타이르기 시작했다. 그러나 막내는 대답했다.

"뭘 꾸물거리고 있소? 우리 형제들은 잠깐 고통을 당한 후에 하나님께서 약속해주신 영원한 생명을 실컷 누리겠지만, 당신은 그 교만한 죄로 인해 하나님의 심판을 받아서 벌을 받게 될 것이요……. 당신에게는 시련과 채찍이 내려져서 그 분만이 하나님이시라는 것을 인정하기를 하나님께 빌겠소. 우리 민족 전체에게 내리셨던 전능하신 하나님의 정당한 노여움이 나와 내 형들로서 거두어지시기를 빌 따름이오."

이 말을 마치자 왕의 분노에 찬 명령으로 막내도 죽고, 곧이어 그의 어머니도 죽었다.

그들의 결단력 있는 신앙심은 죽음으로써 생명을 주신 하나님의 뜻을 따르기에 충분했다.

신앙을 액세서리 정도로 생각하는 사람들은 순교를 바보짓이라고 생각할 것이다. 그러나 영원한 생명의 기쁨을 아는 자들에게 있어서 고통과 죽음은 지나가는 과정인 것이다.

"여자들은 자기의 죽은 자들을 부활로 받아들이기도 하며 또 어떤 이들은 더 좋은 부활을 얻고자 하여 심한 고문을 받되 구차히 풀려나기를 원하지 아니하였으며" (히브리서 11:35).

"그리스도께서는 고난으로 말미암아 온전케 되셨고 받으신 고난을 통하여 순종을 배우셨다." (N.B.해리슨).

10

특별한 선물

러시아의 문호 톨스토이와 함께 19세기 러시아 문학을 대표하는 세계적인 거장 도스토예프스키(1821~1881)가 그의 생애를 통한 사색의 집대성이라 할 수 있는 「카라마조프가의 형제」를 썼다.

그 내용을 보면, 물질의 노예로 야수와 같은 아버지 표도르에게는 각기 다른 개성을 가진 세 아들이 있었다. 큰 아들 드미트리는 살인자였고, 둘째 아들 이반은 철저한 무신론자였으며, 막내인 알렉세이는 그리스도의 사랑을 실천하는 박애주의자였다. 그중에 이반은 인간 이상의 존재는 없다는 사고방식을 가졌다. 그러므로 하나님의 존재를 무시하는 것은 말할 나위 없었다.

인간을 위해서는 어떤 악한 짓도 할 수 있다는 신조를 가지고 살아가던 중에 형 드미트리의 살인 계획을 알았지만 말리기는커녕 오히려 찬성하는 눈짓을 보내게 된다. 이후에 그는 법정에서 형을 위해 변호를 하던 중에 거짓말이라는 장벽에 막히고 만다.

세상에는 하나님의 존재를 모르는 사람과, 알면서도 믿지 않는 사람, 철저하게 무시하며 살아가는 사람, 그리고 자신의 모든 것을 하나님께 맡기며 살아가는 사람, 이렇게 네 종류의 사람이 공존하고 있다.

그런데 분명한 것은 아무리 하나님의 존재를 부인해도 마음속 깊은 곳에서는 자신의 약함과 불완전을 해소할 수 있고 기댈 수 있는 대상을 찾고 있기에, 강하게 부정하는 사람일수록 신에게로 가까이 나아가고 있다는 사실을 알아야 한다. 강한 부정은 강한 긍정을 전제로 하기 때문이다.

하나님의 존재를 강하게 부정한 사람이 믿음을 가진 예는 알고도 믿지 않는 사람들보다 훨씬 많다. 또한 이런 자들이 믿음을 가진 후에는 훨씬 적극적인 신앙을 소유하게 된다. 초창기 한국교회의 유명한 부흥사였던 김익두 목사와 이기풍 목사 같은 분들은 천하의 깡패였다는 사실은 이미 널리 알려진 사실이다.

위기에 처해 있을 때와 죽음이 눈앞에 다가왔을 때 하나님을 부인하는 사람은 거의 없다.

스페인의 시인인 깜뽀아 모르(1817~1901)가 "대양(大洋)을 지날 때면 사람은 누구나 하나님을 믿게 된다."고 한 말은 하나님과 인간과의 관계를 잘 나타내 보여 주는 것이라고 할 수 있을 것이다.

덧붙여 생각해야 할 것은 짐승은 하나님을 모른다는 사실이다. 하나님께서 인간에게만 특별한 선물인 영혼을 주셨기에, 이 영혼을 통해 하나님을 알 수 있고 믿을 수 있는 것이다.

유명한 프랑스의 작가 뒤마가 은행가의 만찬에서 하나님을 훼방하는 소리를 서슴없이 하는 어느 장군에게 "내 집에 있는 두 마리의 사냥개와 한 마리의 앵무새가 당신의 의견과 꼭 같아요."라고 한 말은 지금도 유명한 일화로 내려오고 있다.

하나님께서 인간에게 가르쳐주신 인생의 길속에 축복과 행복이 있다. 영원한 생명이 있다. 그 길을 애써 부인하고 죽음을 향해 달려가는 인생들을 가리켜 바보라고 하면 틀린 말일까?

"너희는 그 은혜에 의하여 믿음으로 말미암아 구원을 받았으니 이것은 너희에게서 난 것이 아니요 하나님의 선물이라" (에베소서 2:8).

"믿지 아니하는 자들과…… 모든 자들은 불과 유황으로 타는 못에 던져지리니 이것이 둘째 사망이라" (요한계시록 21:8).

11

유일한 소망

하이든 공원에 있는 영국의 대정치가 글래스턴의 기념비에 다음과 같은 말이 기록되어 있다.

"내가 생각하는 것, 내가 기록하는 것, 또한 내가 현재의 내가 된 것은 모두가 예수 그리스도께서 하나님 되심에 근거를 둔 것이다. 그는 갈 바를 알지 못하고 방황하는 우리 인간들의 유일한 소망이다."

바울 사도는 자신의 존재 의미를 예수 안에서 찾았기에 오직 예수만을 전하다가 순교했다. 그의 로마 전도는 오늘날 유럽과 나아가 전세계 복음화의 시금석이 되었다.

"땅 끝까지 복음을 전파하라"는 지상 명령을 소홀히 여기는 자는 오히려 복음전파에 걸림돌이 될 수도 있음을 알아야 한다.

학생이나 청년시절, 예수님과 접붙이는 일에 열심을 기울이지 않고, 오히려 사업이나 흥미 위주의 모임에 열정을 쏟는 것을 종종 본다. 그렇게 자란 기형아들은 장성한 후에 예수님의 사랑을 전하기보다는 인간적인 기술이나 자신의 모습을 과시하며 교회를 세속화 시키는 원인이 될 수 있는 것이다.

복음이 없는 교회에서는 아무 것도 얻을 수 없다. 무엇인가 있어보이는 같지만 실상은 사람의 시야만 빼앗아 가는 안개와 같기 때문이다.

안개가 온다.
작은 고양이 걸음으로
그건 가만히 웅크리고 앉아
항구도시를 바라보다가
다시 움직여 간다.
〈안개 / C.샌드버그〉

오직 예수 그리스도만이 인생의 유일한 소망임을 믿고 전하는 거룩한 공동체가 주님의 뜻에 합한 교회인 것이다.

"예수께서 이르시되 내가 곧 길이요 진리요 생명이니 나로 말미암지 않고는 아버지께로 올 자가 없느니라" (요한복음 14:6).

"나는 인간을 알고 있다. 그러나 나사렛 예수는 결코 인간이 아니다." (나폴레옹).

"일체의 심령의 병에는 다만 하나의 치료법이 있을 뿐이다. 그것은 예수 그리스도의 인물과 그 일하심 중에서 발견된다." (클락 앤드류).

12

예수님의 초청장

세상의 무거운 짐을 지고 가는 사람들에게 예수님께서 사랑의 초청장을 보내셨다. 그 내용은 "수고하고 무거운 짐 진 자들아 다 내게로 오라 내가 너희를 쉬게 하리라"는 말씀이다. 인간이 지고 가는 어떤 무거운 짐도 다 벗겨 주시겠다는 선포는 엄청난 소식이다.

사람은 순간순간 다가오는 인생의 문제들을 자신의 능력으로 해결하려고 발버둥치고 있다. 그러나 예수님의 초청으로 이 모든 문제가 일시에 해결되었다.

1920년 4월 25일, 필라델피아 신문에는 다음과 같은 기사가 났다.

'엘리자 에드먼드 히윗양, 69세, 주일학교 교사요 여러 편 유명한 찬송의 작가인 그녀가 대학병원에서 세상을 떠났다. 그녀는 노쓰레드 필드가 1229번지에 살았고……'

엘리자 에드먼드 히윗(Eliza Edmunds Hewitt, 1851~1920)은 그의 삶을 찬송시로 기록했다. 그녀는 평생 결혼도 하지 않고 마음을 다해 사랑한 것이 있는데, 첫째는 구주이신 예수 그리스도요, 둘째는 교회학교 어린아이들이었다. 척추의 상처로 병상에 있던 6개월을 제외하곤 주일학교 어린이들을 가르치는 일을 쉬어본 적이 없다고 한다. 마지막으로 그는 하나님께서 주신 자연을 사랑했는데 자연이 하나님의 영광을 선포하고 있음을 언제나 알 수 있다고 했다.

그가 제일 사랑한 예수님에 대하여 그는 이렇게 찬송시를 썼다.

"너 예수께 조용히 나가 네 모든 짐 내려놓고
주 십자가 사랑을 믿어 죄 사함을 너 받으라
주 예수의 은혜를 입어 네 슬픔이 없어지리
네 이웃을 늘 사랑하여 너 받은 것 거저 주라
주 예수를 친구로 삼아 늘 네 옆에 모시어라
그 영원한 생명샘 물에 네 마른 목 축이어라
주 예수께 조용히 나가 네 마음을 쏟아노라
늘 은밀히 보시는 주님 큰 은혜를 베푸시리"

예수님의 초청의 대상은 정해져 있지 않다. 누구에게나 초청장을 보내셨다. 누구든지 자신의 문제를 발견한 자들을 환영하시기에 2,000년 전 소경 바디메오가 눈뜨기 전에 들었던 그 음성은 오늘도 계속되고 있는 것이다.

"안심하고 일어나라 그가 너를 부르신다 하매"(마가복음 10:49).

"누구든지 주의 이름을 부르는 자는 구원을 받으리라 하였느니라"
(사도행전 2:21).

"건강한 자에게는 의사가 쓸 데 없고 병든 자에게라야 쓸 데 있느니라……. 나는 의인을 부르러 온 것이 아니요 죄인을 부르러 왔노라"(마태복음 9:12~13).

"나는 예수 그리스도가 하나님의 아들이심을 믿노라 행하신 이적과 존엄하신 인격 그 밖의 모든 행적을 통하여 볼 때 그가 하나님의 아들 되심을 믿지 않을 수 없다."(D.웹스터).

13

피의 신비

사람은 9,600km의 혈관을 가지고 있다고 한다.

그 혈관 속에 흐르는 피는 사람의 생명을 유지시킨다. 피는 바로 생명을 뜻하기에(레 17:11) 피를 가장 소중하게 생각한다. 신에게 드리는 제사 역시 피 없는 제사는 의미 없는 것으로 여겼다. 이방종교에서도 그랬다.

고대 아테네에서는 질병이 만연하면 가난한 사람을 돈을 주고 사서 군중들 앞에 세워두고 죄를 그 사람 앞에 고백하고는 돌로 쳐 피를 흘려 죽게 함으로 신의 진노를 푸는 것으로 알았다. A.D. 1300년 경 멕시코 역시 유행병이 돌게 되면 잘 생긴 청년을 잡아다 군중 앞에 세웠다. 그리고 그의 소원을 다 들어준 다음 벌거벗겨서 온 몸에 색칠을 하고는 내 죄를 가져가라고 고백한 다음 칼로 청년의 가슴을 찌르고 피를 흘려 뿌린 뒤 신의 노여움을 푼 것으로 믿었다고 한다. 세상에 존재하는 이방종교의 90% 이상이 피로 속죄를 드렸다는 것이다.

성경에 나타난 피의 의미는 너무나 오묘하다.

결코 이방종교와 같이 사람을 제사 드리지는 않았다. 양과 송아지, 비둘기 등으로 사람의 죄를 대신하게 했다. 이는 하나님께서 사랑이심을 보여주시는 것이다. 그러나 그 아들 예수로 하여금 모든 인간의 죄를 대속케 하신 것은 사랑의 극치라 아니할 수 없다. 예수님이 인간의 죄를 담당하시고 피 흘리심으로 인간의 모든 문제가 해결되었기 때문이다.

> 예수님의 피는
> 죄인의 생명이요
> 사랑의 희생이요
> 나를 대신한 속죄의 표이며
> 변함없는 언약의 증표이기에
> 오늘도 십자가의 피를 보며 감격하는 것이다.

"그의 십자가의 피로 화평을 이루사 만물 곧 땅에 있는 것들이나 하늘에 있는 것들이 그로 말미암아 자기와 화목하게 되기를 기뻐하심이라" (골로새서 1:20).

"율법을 따라 거의 모든 물건이 피로써 정결하게 되나니 피흘림이 없은즉 사함이 없느니라" (히브리서 9:22).

"피흘림이 있는 곳에는 죄의 근절이 있다." (우찌무라 간조).

14
영혼의 중요성

하나님께서 사람을 창조하실 때 육과 함께 영혼을 주셨다. 사람과 짐승의 차이점이 바로 영혼의 있고 없음에 있다.

영혼이 있기에 믿음을 가지게 되어(히 10:39) 하나님을 사랑한다.

영혼은 그 누구도 죽이지 못하는 불멸의 것이다. 예수님은 "몸은 죽여도 영혼은 능히 죽이지 못하는 자들을 두려워하지 말고 오직 몸과 영혼을 능히 지옥에 멸하실 수 있는 이를 두려워하라"(마 10:28)고 말씀하셨다. 이는 영혼이 오직 하나님께 속해 있음을 아울러 나타내는 것이기도 하다.

육신의 죽음과 함께 영혼은 육신과 분리되어 떠나간다(창 35:18). 영혼은 인생에게 주어진 것 중에서 최고의 가치를 가지고 있는 것이다. 이 영혼의 의미에 대해 전혀 무감각하게 살아가는 사람들이 많음은 영혼이 육에 미치는 영향에 대해 대수롭지 않게 생각하기 때문이다. 그러나 영혼에 대한 무관심은 곧 범죄로 빠지는 지름길임을 안다면 삶속에서 영혼을 소외시키는 어리석음을 결코 범하지 않을 것이다. 잠언 기자는 지혜를 얻는 자는 자기 영혼을 사랑한다고 했다.

교회의 먼저 된 자들이 범하기 쉬운 잘못 중에 하나가 자신의 영적인 문제를 소홀히 다루는 것이다, 그 결과 말씀을 잘 받고 순수하던 초신자까지 영적으로 자라지 못하게 하는 경우가 많음은 참으로 안타까운 일이 아닐 수 없다.

> 오, 하나님 내 인생이 미지근하고 깊은
> 흐르지 않는 늪 같이 되지 말게 하시고
> 시냇물처럼 시원하며
> 쉬지 않고 바다를 향해 파도치며
> 흘러가게 하소서.

> 오, 하나님! 한 때는 곧은 나무였으나
> 지금은 죽어서 썩어있는 통나무가 아니라
> 습지 위로 높이 솟아올라
> 높은 곳을 갈망하는 살아있는 나무같이
> 되게 하소서.

〈고돈 하워드〉

"사랑하는 자여 네 영혼이 잘됨 같이 네가 범사에 잘되고 강건하기를 내가 간구하노라" (요한 3서 1:2).

"너희가 진리를 순종함으로 너희 영혼을 깨끗하게 하여 거짓이 없이 형제를 사랑하기에 이르렀으니 마음으로 뜨겁게 서로 사랑하라" (베드로전서 1:22).

"인간의 영혼은 불후하며 불멸한다." (플라톤).

"나의 일생의 사명은 노인이나 청년이 육체 및 부귀, 기타의 헛된 것을 사랑하므로 그들이 마음을 다해 사랑해야 할 영혼에 대해 냉담한 것을 경계함에 있다." (소크라테스).

15

부활의 진리

    남편을 성지 예루살렘을 탈환하는 십자군 부대에 보낸 로자린에게 커다란 시련이 다가왔다. 그의 영지에 속한 하인들과 불량자들이 반란을 일으켰기 때문이다. 로자린은 할 수 없이 고향을 떠나 다른 마을에 정착하여 힘든 하루하루를 보냈다. 동네 어귀에 천막을 치고 사는 모습을 불쌍하게 여긴 동네사람들이 방 한 칸을 빌려주어서 따뜻한 사랑을 느끼며 새로운 삶을 살게 되었다.

    그녀는 항상 따뜻한 이웃에 대해 어떻게 은혜에 보답할까 생각하던 중에 '하나님이 지켜주신다'라는 글자를 새긴 달걀을 동네 사람들에게 돌리기 시작했다. 그날이 바로 부활절이었기에 이색적인 계란 선물은 받는 이들로 하여금 새로운 감회를 느끼게 하였다.

    그날 오후에 동네에 한 초췌한 소년이 나타났다. 그 소년은 먼 일터에서 어머니가 병으로 위독하다는 소식을 듣고 고향집으로 향하는 도중이었다. 로자린은 그 소년에게도 계란을 선물로 주며 부모님께 드리라고 했다. 계란이 귀한 때였기에 이 소년은 무척 기뻤다. 소년은 로자린과 작별한 후 한참 동안 걷다가 굶주림과 병으로 지쳐 쓰러져 있는 나이 많은 병사를 만나 선물로 받은 계란을 주었다. 병사는 매우 놀라면서 "이 계란을 누가 주던가?"라고 물었다. 계란에 새겨진 글이 바로 자기 가정의 표어였기 때문이었다. 이 병사는 전쟁에서 몸이 병들어 집을 찾아 갔으나 다른 사람이 자기 집을 차지했고 아내는 어디로 갔는지 도무지 알 수가 없어 방황하고 있던 중이었다. 소년은 모든 것을 사실대로 이야기했고 병사는 힘과 용기를 얻어 아내가 있는 동네를 찾아 사랑하는 아내 로자린을 만났다.

이후 이들 부부는 부활절만 되면 계란에 아름다운 그림과 글씨를 써서 많은 사람들에게 선물했다. 사람들은 이 계란을 로자린계란 혹은 부활절계란이라 불렀고 이후 부활절계란의 유래가 되었다고 한다.

예수님의 부활은 인류에게 최고의 기쁨을 준 희망의 소식이다. 그러나 부활의 시간까지는 모두에게 인내를 요구하는 고통의 시간이었다. 예수님은 잡히시던 날부터 주무시지도 못했을 뿐 아니라 식음을 전폐하셨고, 끝에 납덩이가 달린 여러 갈래의 채찍으로 무수한 매를 맞으셨기에 많은 피를 흘리셨다. 그리고 그 무서운 십자가의 형틀에 매달려 내리쪼이는 햇볕 아래서 고통을 당하셨다. 사랑은 이렇게 고통을 동반하지만 그 결과는 기쁨인 것이다.

예수님을 따라 십자가 아래까지 갔고(요 19:25), 예수님의 시체를 넣어둔 곳을 지켜보며(막 15:47) 괴로워했던 막달라 마리아가 다른 제자보다 먼저 무덤에서 예수님을 만난 사실은 고난에 동참하지 않고는 부활의 기쁨을 맛볼 수 없는 부활의 진리를 보여 주는 것이 아니겠는가?

"그러나 이제 그리스도께서 죽은 자 가운데서 다시 살아나사 잠자는 자들의 첫 열매가 되셨도다"(고린도전서 15:20).

"주님의 십자가와 부활은 다 승리이다. 다만 그 나타난 형식이 다를 뿐이다. 그런데 주님의 승리를 확인시키고 구체화시킨 것은 부활이다."(제임스 마틴).

16

영혼 도둑

　개척교회 시절 교통이 좀 불편한 곳에 교회가 위치해 있었기에 오토바이는 나에게 있어 참으로 좋은 발의 역할을 해주었다. 시간에 구애받지 않고 언제든지 달려갈 수도 있고 두 아들과 아내가 함께 타는 자가용의 역할도 충분히 해주었다.

　그런데 하루는 교회 앞에 세워둔 오토바이가 없어졌다. 2년 동안 세워두어도 별 탈이 없었는데 너무 방심한 것이 문제였던 것이다.

　이후에 청년들이 기동성 있는 목사가 되기를 바라서인지 새 오토바이를 사가지고 왔다. 그런데 어느 날 은행에 들렀다가 나오니 오토바이 시동이 걸린 채로 있었다. 은행에서 적어도 20분 이상 머물렀던 것 같은데, 깜빡 잊고 오토바이 시동을 끄지 않은 채 그대로 둔 것이다. 도둑을 맞지 않은 것이 다행이었다.

　긴장을 풀게 될 때 대체로 위기가 다가오는 것을 경험할 수 있다. 얼마 후 교회 앞에 세워 둔 새 오토바이가 또 없어졌다. 1년도 타지 않은 오토바이를 누군가 훔쳐간 것이다.

　긴장 속에서 여유를 누릴 수만 있다면 삶의 리듬을 잃지 않을 것이지만 너무 여유를 부리고 긴장을 풀면 생각지 않은 어려움을 당할 수 있다.

　특히 영혼의 문제에 있어서도 마찬가지다. 너무 여유를 부리면 자신을 과신한 나머지 교만하게 되어 이스라엘의 초대왕 사울같이 사탄으로부터 영혼을 도둑맞는 일이 생길 수가 있다. 그렇다고 너무 긴장하면 하나님의 능력을 그 긴장 속에 묻어 버리는 잘못을 범할 수도 있다.

그러므로 여유와 긴장이 조화를 이루어 영혼을 도둑맞는 일이 없어야 한다. 마귀의 유혹과 죄에 대하여는 긴장하면서 모든 일을 하나님께 맡긴다면 여유 있는 생활을 할 수 있을 것이다.

우리의 영혼이 잠시라도 도둑맞는 일은 없는지 경계를 게을리 하지 말아야 할 것이다.

"너희 염려를 다 주께 맡기라 이는 그가 너희를 돌보심이라 근신하라 깨어라 너희 대적 마귀가 우는 사자 같이 두루 다니며 삼킬 자를 찾나니 너희는 믿음을 굳건하게 하여 그를 대적하라" (베드로전서 5:7~9).

"하나님 이외에는 아무것도 영혼을 만족시킬 수 없다." (D.J.베일리).

17

성경

    세상의 위인과 걸작을 쓴 작가들이 가장 큰 영향을 받은 것은 성경이다.

    아브라함 링컨은 가난하여 공부를 못했지만 "백마지기의 아름다운 전토(田土)를 가지는 것보다 성경을 가지는 자가 되라"고 한 어머니의 성경을 물려받아 아름다운 신앙의 대통령이 되었다. 요한 번연은 아내가 결혼 지참물로 가져온 성경을 보고 회개하는 마음이 불 일 듯하여 「천로역정」이라는 대작을 썼다.

    그 외에도 영국의 시인 밀턴은 창세기를 보고 하나님의 창조의 능력과 아름다움을 알아 「실낙원」이라는 명품을 만들었다. 성경에 감화를 받아 단테는 「신곡」을, 위고는 「레미제라블」을, 톨스토이는 「부활」, 「카라마조프가의 형제」 등 수많은 걸작을 남겼다.

    성경은 반대와 핍박을 받을수록 수많은 사람들의 심령을 울렸고 더 큰 힘을 발휘했다.

    프랑스인으로 계몽사상가의 대표자이며 문학자였던 볼테르 (Voltaire, 1694~1778)가 성경을 두고 "50년 후에는 이런 책을 읽을 사람은 없을 것이다"고 말하며 신앙 반대를 위해 인쇄물을 찍던 인쇄기는 지금 성경을 찍어내고 있고, 그 집은 성서공회가 되어 성경으로 꽉 차 있다. 기독교는 20년 이내에 없어질 것이라고 예언한 영국의 철학자 흄

(David Hume, 1711~1776)의 방에서 제1차 성서협회가 열렸다.

성경은 하나님의 말씀이다. 세상을 창조하신 주인이 우리에게 주신 생명의 양식인 것이다.

하나님께서 사람을 창조하실 때 영과 육으로 만드셨다. 그러므로 하나님과의 바른 관계를 맺기 위해서는 영이 건강해야 하는데 이 영을 살찌우는 양식이 바로 성경이다.

모든 사람이 매일 거울 앞에서 자신의 모습을 점검하듯이,

영혼의 거울인 하나님 말씀 앞에서 내 영혼의 모습을 점검한다면 주님은 가장 아름다운 내 영혼의 삶을 만들어 주실 것이다.

> "모든 성경은 하나님의 감동으로 된 것으로 교훈과 책망과 바르게 함과 의로 교육하기에 유익하니" (디모데후서 3:16).

> "하나님의 말씀은 살아 있고 활력이 있어 좌우에 날선 어떤 검보다도 예리하여 혼과 영과 및 관절과 골수를 찔러 쪼개기까지 하며 또 마음의 생각과 뜻을 판단하나니" (히브리서 4:12).

> "성경은 그저 서적만은 아니다. 살아있는 책이다. 그것에 반대하는 모든 것을 정복하는 힘을 가지고 있는 것이다." (나폴레옹).

> "성경 없이 그 날을 시작하는 것은 나침반이나 지도 없이 출항하는 선장과 같다." (스탠리 존스).

> "성경 읽는 백성을 정신적으로나 사회적으로 노예화하기는 불가능한 일이다." (S.존스).

18

인생 결산

사람들이 평소에 잊고 사는 것 중에 하나가 죽음이다. 그러나 시간이 지남에 따라 점점 가까이 오고 있는 것임에는 틀림이 없다.

알렉산더 대왕의 아버지 필립 2세는 한 신하로 하여금 아침마다 침실 앞에서 "왕이시여! 당신은 죽어야만 한다는 사실을 잊지 마시길 바랍니다."라고 한 마디 말만 하게 했다. 그는 인생을 그대로 인정하며 행복한 죽음을 맞이하기를 원했던 것으로 보인다.

행복한 죽음은 자신의 일에 최선을 다한 자에게, 그리고 바르게 산 자에게 주어지는 축복이다. 죄로 얼룩진 자의 최후는 비참할 수밖에 없다. 그러기에 지혜로운 자는 오늘을 살면서 죽음을 준비한다. 예수님의 보혈로 죄 씻음 받고 하나님의 자녀 된 기쁨을 누리며 천국을 소망하며 살아야 한다.

사람에게 주어진 시간은 도무지 잡을 수가 없다.

그래서 누구나 인생을 결산하는 계산대 앞에 설 준비를 미리 해야 한다.

인생의 주인이신 하나님으로부터 칭찬받을 만한 일을 하는 것은 최고의 지혜이다. 주신 달란트의 크기와 상관없이 하나님은 칭찬해 주기를 간절히 원하신다. 마태복음 25장 21절을 통해 우리에게 알려 주셨다. "그 주인이 이르되 잘 하였도다 착하고 충성된 종아 네가 적은 일에 충성하였으매 내가 많은 것을 네게 맡기리니 네 주인의 즐거움에 참여할지어다 하고"

미국의 유명한 부흥사 무디는 그의 자서전에서 다음과 같은 글을 썼다.

'후일 신문에는 동부 노스필드 출신 무디가 죽었다는 기사가 날 것이다. 그러나 그 말을 믿지 말기를 바란다. 그 때는 지금보다 더 생생하게 살아있을 것이다. 낡은 육체를 떠나 영원한 집으로 올라가 있을 것이기 때문에 나의 몸은 사망이 접근하지 못하며 죄가 더럽히지 못하는 주님의 영광스런 몸과 같이 될 것이다. 나의 육신의 몸은 1837년에 출생하였으나 영혼으로는 1856년에 출생하였다. 육신으로 난 나의 몸은 죽을 것이나 영혼으로 난 나는 영원히 살게 될 것이다.'

"만일 땅에 있는 우리의 장막 집이 무너지면 하나님께서 지으신 집 곧 손으로 지은 것이 아니요 하늘에 있는 영원한 집이 우리에게 있는 줄 아느니라" (고린도후서 5:1).

"한번 죽는 것은 사람에게 정해진 것이요 그 후에는 심판이 있으리니" (히브리서 9:27).

"죽음이 마지막 수면인가? 아니다 죽음은 최후 최종으로 가는 것이다." (스코트).

"죄가 크면 클수록 죽음은 비참하다." (루터).

19

누구에게 속했나

교회 청년들과 함께 야외로 나갔다. 산이 있고 물이 있는 곳으로…….

도착하여 예배를 드렸다. 미국의 천재 시인이며 목사였던 말트비 데이븐 포드 뱁콕이, 하나님이 창조하신 자연을 찬미하며 찬송시를 썼던 찬송을 힘차게 불렀다.

> "참 아름다워라 주님의 세계는
> 저 솔로몬의 옷보다 더 고운 백합화
> 주 찬송하는 듯 저 맑은 새 소리
> 내 아버지의 지으신 그 솜씨 깊도다.
> 참 아름다워라 주님의 세계는
> 저 산에 부는 바람과 잔잔한 시냇물
> 그 소리 가운데 주 음성 들리니
> 주 하나님의 큰 뜻을 내 알 듯 하도다."

하나님께서 지으신 자연을 보며 그 분의 피조물임을 아는 사람은 분명 자연이 아름답게 보일 것이다. 하나님께 속했기에 한없이 자랑스럽게 보이기까지 할 것이다.

시편 24편 1절에서 다윗은 노래했다.

"땅과 거기에 충만한 것과 세계와 그 가운데에 사는 자들은 다 여호와의 것이로다"

내가 어디에 소속되어 있는지조차 모르며 한 평생을 사는 사람도 있을 것이다. 또한 소속은 알지만 도무지 내세울 수 없기에 항상 콤플렉스를 느끼며 사는 사람들도 있다.

아름다운 세상을 창조하신 하나님, 그 하나님을 담대하게 아버지라고 부를 수 있는 하나님의 자녀들의 긍지, 그 긍지는 어디에서나 어떤 상황에서나 나타난다.

탁구로 세계를 제패하고 하나님께 영광을 돌린 양영자 선수에게도, 한 평생 농아로 살았으나 "내 생에는 참으로 아름다워라"고 말한 헬렌 켈러에게도, 그리고 오늘 자연과 함께 하나님의 사랑을 느끼는 나에게도……

"그러나 귀신들이 너희에게 항복하는 것으로 기뻐하지 말고 너희 이름이 하늘에 기록된 것으로 기뻐하라 하시니라" (누가복음 10:20).

"그러나 우리의 시민권은 하늘에 있는지라 거기로부터 구원하는 자 곧 주 예수 그리스도를 기다리노니" (빌립보서 3:20).

"신과 자연을 떠난 행동은 곤란하며 위험한 일이다. 왜냐하면 우리는 자연을 통해서만 신을 인식하기 때문이다." (J.W.괴테).

20

지구 최후의 날

　지구의 존재 자체에 큰 위협을 주는 것이 있는데 바로 오존층의 구멍이다. 오존층에 구멍이 나 있다는 것이다. 오존층은 지구 표면으로부터 20~25km에 오존이 밀집해 있는 층이다. 이 오존층이 파장이 짧은 태양의 자외선을 흡수하기 때문에, 인체나 생물에 해로운 강력한 자외선은 흡수되어 지상까지는 도달하지 않아 지구상에 있는 생물이 무사히 생활할 수 있다. 이 오존량은 봄에 가장 많고 가을에는 가장 적으며, 고위도에 많고 저위도에는 적다고 한다.

　그런데 이 오존층에 일산화탄소가 기준치보다 15배 이상이나 많아지므로 오존층에 구멍이 뚫려 있다. 그 구멍 때문에 가장 심각한 피해를 당하고 있는 지역이 뉴질랜드로 그 지방에는 피부암과 흑색 종기가 다른 지방보다 크게 증가하고 있다, 세계 환경 보존협회에서는 이에 대한 대책으로 프레온 가스나 헤일론 가스의 사용금지를 결정했다고 한다. 과연 지구의 종말이 가까워 옴을 실감할 수 있는 사건이 아닐 수 없다.

　지구의 종말과 예수님의 재림은 거의 같은 맥락에서 생각하고 있다. 성경에서도 종말에 대한 기록을 찾아볼 수 있는데, 베드로후서 3장 10~11절에는 예수님의 재림과 함께 이렇게 기록하고 있다.

　"그러나 주님의 날은 도둑같이 갑자기 올 것입니다. 그 날에는 하늘이 큰 소리를 내며 사라지고 천체는 불에 타서 녹아 버릴 것이며 땅과 거기 있는 모든 것이 타서 없어질 것입니다. 모든 것이 이렇게 녹아 버릴텐데 여러분은 어떤 사람이 되어야 하겠습니까?"

사람들은 종말에 대한 두려움 때문에 그 사실을 믿으려 하지 않는다. 그러나 기상의 변화는 성경의 종말적인 예언을 뒷받침하고 있어 종말이 다가오고 있다는 엄연한 사실을 부인할 수 없는 것이다.

예수님의 수제자였던 베드로는 이에 대해 베드로후서 3장 12~14절에서 결론을 내리고 있다.

"하나님의 날이 속히 오기를 간절히 기다려야 합니다. 그 날에는 하늘이 불에 타서 없어지고 천체도 그 열로 녹아 버릴 것입니다. 그러나 우리는 하나님의 약속대로 정의만이 있는 새 하늘과 새 땅을 기다리고 있습니다. 그러므로 사랑하는 여러분, 여러분은 그 날을 기다리며 하나님 앞에서 흠 없는 깨끗한 생활을 하여 평안한 마음으로 그분을 뵙도록 노력하십시오."

종말에 대한 두려움을 갖기보다는 하나님께서 주신 시간에 대해 최선을 다한다면 그 시간을 웃으며 맞이할 수 있지 않겠는가?

"내가 너희에게 분부한 모든 것을 가르쳐 지키게 하라 볼지어다 내가 세상 끝날까지 너희와 항상 함께 있으리라 하시니라" (마태복음 28:20).

"나에게 인생의 왕관을 준다 할지라도 나로 하여금 세상의 위대함을 갈망하지 않게 하소서." (조웨트).

21

크리스마스 이브

크리스마스는 어린 아이로부터 어른에 이르기까지 마음을 들뜨게 한다.

1988년 12월 24일 저녁 성탄 행사를 위해 모두 분주히 움직이고 있었다. 몇몇 성도들이 와서 내일 식사 준비를 하고 있고, 예배당에서는 주일학교 교사들이 성탄절 축하행사 준비에 열을 올리고 있었다. 한 자매는 꽃꽂이를 하고 있었다. 그런데 그 꽃은 포인세티아였다. 멕시코가 원산지로 가지가 굵고 잎자루가 길며 넓은 피침형으로 끝이 좁고 가장자리는 물결 모양인 포인세티아(Poinsettia)는 주홍색으로 참으로 아름다운 꽃이다. 이 꽃은 크리스마스를 장식하는 꽃이라고 한다. 포인세티아의 주홍빛은 마치 죄를 미워하시는 예수님의 마음을 상징하는 것 같다.

생일의 주인공인 예수님의 마음을 상징하는 포인세티아를 만지며 장식에 정성을 쏟는 것과는 반대로, 지금도 성탄절의 주인공이 마치 자신인양 도취되어 귀한 시간을 허비하고 있는 사람들이 많음은 참으로 안타까운 일이다.

학생들과 청년들도 선물교환에 이용할 선물을 준비하느라 분주했다.

성탄 의미를 새기는 시간을 가지기 위해 성경공부를 하겠다고 하니 크리스마스 전날 무슨 공부냐는 듯 불평스런 얼굴을 하는 학생도 있었다.

이스라엘 백성들은 어떤 사건이나 명절을 자녀들의 교육의 기회로 삼았다고 한다. 장막절에는 자녀들을 데리고 들판으로 나가서 장막을 치면서 옛날 조상들은 광야에서 이런 천막 속에서 하나님을 만났음을 가르쳤고, 유월절이면 한밤중에 자녀들을 깨워 그들의 조상이 하나님의 명령을 따라 급히 애굽을 떠나 한밤중에 출발했노라고 말했다고 한다.

성탄 이브에 성경공부를 통해 이스라엘 백성들의 신앙에 의한 뜨거운 교육의 정열과 예수님의 사랑을 깨달을 수만 있다면 참으로 뜻깊은 성탄절이 될 것이다.

학생들과 성경공부를 마치니 시계가 11시를 가리키고 있었다.

그리고 얼마 후 구세주의 오심을 알리는 새벽송의 찬송 소리로 잠든 영혼들을 두드렸다.

"지극히 높은 곳에서는 하나님께 영광이요 땅에서는 하나님이 기뻐하신 사람들 중에 평화로다 하니라" (누가복음 2:14).

"그리스도의 탄생을 노래하라, 만일 당신이 이것을 노래하지 않는다면 무엇을 노래하겠는가?" (루터).

예수께서 이르시되 나는 부활이요 생명이니
나를 믿는 자는 죽어도 살겠고 무릇 살아서 나를 믿는 자는
영원히 죽지 아니하리니 이것을 네가 믿느냐

(요한복음 11:25-26)

Sketch of Life

아름다운 공간을 위한 스케치

SKETCH OF LIFE

CHAPTER **2** SKETCH OF SPACE

1

말로서 표현할 수 없는 곳

태어나면서부터 소경인 소년이 있었다. 그 소년은 자연의 아름다움을 볼 수 없었다. 그렇지만 어머니는 자연과 사물에 대해 최대한의 설명을 해주었다.

어느 날 명성 있는 안과 전문의를 만나서 수술을 받게 되었다. 의사가 수술 성공에 대한 가능성을 제시했기 때문이다. 수술은 성공적으로 끝나고 소년의 눈에는 붕대가 감겨졌다. 며칠 후 붕대를 풀어야 할 시간이 되었다. 의사는 한 겹 한 겹 붕대를 풀었다. 이윽고 마지막 한 겹이 풀어지고 소년의 눈이 보였다. 얼마 후 소년은 눈을 뜨고 사물을 보기 시작했다. 신기한 것들을 보고 놀라운 표정을 지었다. 잠시 후 창가로 가서 산과 구름 그리고 아름다운 꽃과 풀과 새와 나무를 보며 어머니에게 말했다.

"어머니, 이렇게 아름다운 세상이 있다고 왜 진작 말씀해주지 않으셨어요?"

어머니는 감격의 눈물을 흘리면서 대답했다.

"애야, 어떻게 말로서 표현해 줄 수 있겠니?"

천국을 어떻게 말로써 표현할 수 있겠는가? 최선을 다해서 설명할 뿐이다. 우리가 천국에 도착했을 때, 우리가 꿈꾸어 온 것보다 몇백 배, 아니 몇천 배 놀라운 곳일 것이다. 천국은 예수님이 우리를 위해 준비하신 처소이다. 그 무엇과도 비길 수 없는 아름다운 곳이다. 하나님께서 만드신 것은 꽃, 나무, 산, 바다, 태양, 달 등 그 어느 것 하나도 아름답지 않은 것이 없다. 밤하늘에 떠있는 별은 또 얼마나 아름다운가! 이 세상을 이토록 아름답게 만드신 하나님이 천국은 얼마나 아름답게 만드셨겠는가? 성경은 천국의 아름다움을 요한계시록 21장 18-21절에서 잘 기록하고 있다.

천국은 수정처럼 맑은 순금으로 만들어져 있으며 성벽은 벽옥으로 되어 있다. 거기엔 각종 보석이 박혀 있고 열 두 주춧돌 위에 세워져 있는데 열두 주춧돌을 살펴보면, 벽옥, 사파이어, 옥수, 에메랄드, 홍마노, 홍옥수, 감람석, 녹주석, 황옥, 녹옥수, 청옥, 자수정으로 꾸며져 있다. 천국으로 들어가는 열두 대문은 진주로 만들어져 있고, 큰 길은 맑은 유리처럼 투명한 순금으로 포장되어 있다.

인생은 이 세상에서 끝나는 존재가 아니다. 만약 하나님께서 기껏 100년도 살 수 없는 생명만을 주셨다면 참으로 허망하지 않겠는가? 그러나 많은 사람들은 이 세상만 살고 모든 것을 끝낼 것처럼 살고 있다.

심판이 있다는 것은 이 세상의 삶이 끝이 아니라는 말이다. 그렇다면 천국을 외면하고 사는 삶이 얼마나 바보스러운 삶인지 더 이상 말할 필요가 없을 것이다.

성경은 분명하게 말씀하고 있다.

"한번 죽는 것은 사람에게 정해진 것이요 그 후에는 심판이 있으리니" (히브리서 9:27).

2

죄와 선행

사람들은 예부터 죄 문제를 해결받기 위해 여러 가지 방법을 사용한다. 자신이 지은 죄를 씻어보고자 선행이나 수양을 하기도 한다. 지은 죄를 해결받기 위해 노년에 이르러 물질을 자선 사업 쪽으로 사용하는 사람들도 많이 있다.

그러나 그것은 어리석은 생각이다. 죄를 지은 만큼 선행을 해서 죄가 해결될 수 있다는 생각은 대단히 큰 착각인 것이다. 만약 구제나 자선 사업으로 그 문제를 해결할 수 있다면 돈 없는 사람들은 얼마나 억울하겠는가? 물질 때문에 이 세상에서 어려움을 당한 것도 서러운데 내세에서도 같은 대접을 받아서야 되겠는가?

미국 켄터키주에 헤이즐 페리스라는 사람이 있었다. 이 사람은 아들의 버릇을 고치기 위해 묘안을 생각해 냈는데 아들이 나쁜 짓을 할 때마다 못을 하나씩 문설주에 박는 것이었다. 얼마 가지 않아 문설주는 보기 흉한 모습이 되었다. 총총히 박힌 못은 분위기를 살벌하게 만들었다.

페리스는 아들을 불러 놓고 말했다.

"얘야, 보기가 얼마나 흉하니? 앞으로 착한 일을 할 때마다 못을 하나씩 뽑아 주마."

아들은 그 못을 뽑기 위해 열심히 착한 일을 했고, 얼마 후 그 못은 모두 뽑혔다. 그러나 못 자국은 여전히 그대로 남아 있었다. 죄의 흔적은 지울 수가 없다. 아무리 선행을 해도 해결되지 않는 것이다.

선행은 결코 구원의 조건이 될 수 없다. 죄를 지었으면 죄의 대가를 반드시 받아야 한다. 성경은 선행이나 율법으로는 구원받을 수 없다고 분명히 말씀하고 있다. 오직 인간의 죄를 담당하시고 제물이 되셔서 십자가에서 죽으심으로 죄를 대신 갚아주신 예수님을 통해서만 구원받을 수 있다.

누가 당신의 죄를 위해 대신 죽어줄 수 있는가? 아무도 대신 죽으려고 하는 사람은 없다. 오직 예수님만이 대신 죽으셨다. 석가, 마호메트, 공자, 남편, 아내, 자식, 그 누구도 아니다. 자신을 위해서도 죽으려고 하지 않는다.

아직도 선행이나 구제, 수양을 통해서 죄 문제를 해결하려고 한다면 인생 최고의 실수를 범하고 있음을 알아야 한다. 오직 예수님만이 우리의 제물이 되심을 알고 그분을 주님으로 모셔야 하는 것이다.

> "사람이 의롭게 되는 것은 율법의 행위로 말미암음이 아니요 오직 예수 그리스도를 믿음으로 말미암는 줄 알므로 우리도 그리스도 예수를 믿나니 이는 우리가 율법의 행위로써가 아니고 그리스도를 믿음으로써 의롭다 함을 얻으려 함이라 율법의 행위로써는 의롭다 함을 얻을 육체가 없느니라" (갈라디아서 2:16).

3
죽음이 아름다운 사람들

인생이 해결할 수 없는 문제가 바로 죽음이다. 아무리 현대 문명이 발달해도 죽음은 극복할 수가 없다. 태어나는 순간부터 죽음을 향해 달음박질하고 있는 것이다.

현재의 즐거움과 일에 빠져 죽음을 생각할 겨를조차 없이 뛰어다니다가 죽음이 눈앞에 오면 안타까움과 억울함으로 땅을 치는 사람들이 많다. 아무리 외면하고 부인해도 반드시 찾아오는 죽음에 대해 준비할 수 있다면 이는 참으로 지혜로운 사람일 것이다.

일벌레처럼 열심히 일하다가 노년에 이르러 몸이 쇠약해져 죽음이라는 최대의 적을 앞에 두고 두려워 떠는 현대인들이 생각보다 많다고 한다.

인생은 죽음을 준비해야 할 존재이다. 그럼에도 불구하고 영원히 살 것처럼 이 세상에 집착하여 싸우고 미워하며 빼앗고 짓밟는 삶을 살다가 죽음이 오면 후회와 서러움의 눈물을 흘린다.

문제는 죽음에 대한 준비이다. 죽음이 모든 것의 끝이라고 생각하는 사람들에게는 이 세상이 최고이겠지만, 죽음 이후의 세계를 확신하는 사람들은 이 세상을 내세를 위해 준비하는 장소로 알고 최선의 삶을 살기 위해 노력한다.

죽음 앞에서의 모습은 그 사람의 삶을 가늠해 볼 수 있는 척도가 될 수 있을 것이다.

일본의 스즈키 마사히사 목사는 갑자기 찾아온 재기 불능의 병에 대해 이렇게 말했다고 한다.

"나는 지금 이 일에 대해서도 '하나님이 모든 것을 지으시되 때를 따라 아름답게 하셨고'(전 3:11)라는 말씀을 기억하며, 내 생활의 정점으로서 주의 나라를 이같이 진지하게 생각하게 하신 은혜에 감사하고 있다."

사람은 일생 동안 여러 번 죽음을 넘나들며 삶을 유지하지만 반드시 죽음을 인정하고 받아들여야 한다. 죽음은 결코 끝이 아니다. 또 다른 새로움의 시작일 뿐이다. 그래서 예수님을 믿은 자들은 죽음 앞에서도 평안함을 소유할 수 있었다.

나치스의 총칼 앞에서 죽어가며 "이것이 마지막입니다. 그러나 나에게는 새 생명의 시작입니다."라고 말한 독일의 젊은 신학자 본회퍼의 말은 그리스도인의 죽음의 의미를 설명한 것이라고 할 수 있다. 믿음의 사람에게는 죽음도 아름다운 것이다.

"하나님이 모든 것을 지으시되 때를 따라 아름답게 하셨고"(전도서 3:11).

4

누가 당신의 손을 잡고 있나?

어느 추운 겨울날 무디의 어린 딸이 공원으로 눈을 보러 가자고 재촉하자 무디는 사랑스런 딸과 함께 공원으로 산책을 나갔다.

"얘야, 길이 너무 미끄러우니 아빠가 너를 붙잡아주마."

무디가 말하자 딸은 고개를 흔들며 거절했다.

"싫어요. 저도 걸을 수 있어요. 보세요."

그러나 아빠의 눈에는 금방이라도 넘어질 것 같았다. 싫다고 하는 딸의 의견을 존중하여 옆에서 걸어가면서도 마음이 놓이지 않았다.

얼마 가지 않아서 딸은 눈길 위에 넘어져 엉덩방아를 찧고 말았다.

"그것 보렴. 아빠가 붙잡아준다고 하지 않았니?"

딸은 아빠에게 붙잡아달라고 하면서 손가락 하나를 내밀었다.

"아빠가 손가락 하나만 잡아줘도 갈 수 있어요."

그러나 몇 발자국 가지 못하고 다시 눈길 위로 넘어지고 말았다. 조금 전보다 더 많이 넘어져서 아픔을 호소하는 얼굴로 아빠에게 말했다.

"아빠, 이제는 꼭 잡아주세요."

딸의 손을 꼭 붙잡은 아빠의 손은 딸이 넘어지려는 순간마다 정상적으로 일으켜 세웠다.

자신이 스스로 설 수 있는 존재라고 착각하며 사는 사람들이 얼마나 많은가? 인생을 살면서 순간순간 이런 착각에 빠지므로 넘어져서 상처로 인한 아픔을 호소하는 경우가 많다. 사람은 넘어지기 전에는 하나님의 손을 필요로 하지 않는다. 그러나 언제나 필요한 하나님의 손은 우리 곁에서 우리가 손을 내밀기만을 기다리고 계신다. 하나님의 손은 세상을 만드신 손이며(마 8:6), 주야로 붙잡아주시는 사랑의 손이다. 항상 도움의 손으로 다가오셔서(시 119:173) 병자를 낫게 하는 치료의 손이다(마 8:3).

믿음은 하나님의 손에 붙잡히는 것이다. 하나님의 손에 붙잡히지 않고는 어떤 느낌도 소유할 수 없으며 일어나는 모든 일을 운명이라고 체념한 체 살아갈 수밖에 없다. 믿음은 머리로 아는 것이 아닌 구체적인 행위이다.

"우리 자신을 하나님께 맡기지 않은 채 마귀와 싸울 때, 마귀는 우리에게서 도망치는 것이 아니라 오히려 우리에게 달려들어 우리의 마음을 차지하고 말 것이다."라고 한 밴스 하프너의 말처럼 우리는 하나님의 손을 보기만 할 것이 아니라 구체적으로 붙잡아야만 한다.

아직도 내 뜻과 내 힘으로 살아가려는 마음이 있다면 우리를 향한 주님의 손을 무안하게 만드는 것이다. 눈을 크게 뜨고 곁을 보라! 주님은 이미 손을 내밀고 계신다.

"너의 행사를 여호와께 맡기라 그리하면 네가 경영하는 것이 이루어지리라"(잠언 16:3).

5

큰 실수를 저지를 뻔하였군요

　예수님을 영접하면 하나님의 자녀가 되는 권세를 얻게 된다. 영접이란 모셔들이는 것이다. 마음을 그분으로 가득 채우는 것이다. 인생을 주님과 함께 한다면 인생은 아름다워질 수밖에 없다. 예수님은 하나님이시다. 그분의 손에 내 인생을 맡겨 그분의 뜻대로 산다면 얼마나 멋있는 삶을 살겠는가?

　유대계 독일인으로 크리스천이었던 세계적인 음악가 멘델스존(1809-1847)이 하루는 후리드버그라는 곳의 오래된 예배당을 방문했다. 그 예배당에는 거대한 파이프 오르간이 장치되어 있었고, 멘델스존은 그 오르간을 연주하고 싶었다. 관리자인 노인에게 오르간을 한 번 연주하면 안 되겠느냐고 부탁을 하자 노인은 못마땅하게 여기며 거절했다. 멘델스존이 진지하게 한 번만 연주하게 해줄 것을 다시 간청하자 노인은 마지못해 한 번 쳐보라고 했다.

　멘델스존이 파이프 오르간 앞에서 연주를 시작했다. 그의 손과 발이 오르간에 닿자 자연의 아름다움을 압도하는 선율이 큰 예배당 안을 가득 채워서 감격이 넘실거리는 파도처럼 되었다. 꿈과 같은 시간이 지나고 오르간을 연주하던 멘델스존의 손이 멈추자 음악에 취하여 멍하니 서 있던 노인이 물었다.

　"선생님은 도대체 누구십니까?"

"네, 저는 멘델스존입니다."

그러자 깜짝 놀란 노인이 말했다.

"하마터면 제가 큰 실수를 저지를 뻔하였군요. 당신 같은 위대한 음악가에게 이 오르간을 만지지도 못하게 할 뻔했군요."

인생이 하나님의 손에 의해 만져질 때 아름다운 인생의 연주가 시작된다. 왜 당신은 살아계신 하나님께 맡기지 못하느가? 인생을 가장 아름답게 연주할 수 있는 분은 인생을 창조하시고 생사화복을 주장하시는 하나님뿐이다. 그분께 인생의 연주를 맡기기를 원하는가? 지금 예수님을 구주로 영접하면 주님은 즉시 당신의 삶을 연주하실 것이다.

주님께 마음의 문을 여는 데는 그 어떤 장애물도 있을 수 없다. 당신의 선행이나 노력이 필요하지 않다. 물질적인 기여도 아무런 도움이 되지 못한다. 또한 당신의 사회적인 기반도 필요로 하지 않는다. 단지 이 시간 예수님께서 당신의 죗값을 치르기 위해 대신 죽으시고 살아나신 구세주이심을 믿고, 당신의 삶 속에 주인이 되어 달라고 원하기만 하면 주님께서는 당신의 삶을 너무나 멋있게 연주해 주실 것이다.

> "볼지어다 내가 문 밖에 서서 두드리노니 누구든지 내 음성을 듣고 문을 열면 내가 그에게로 들어가 그와 더불어 먹고 그는 나와 더불어 먹으리라"(요한계시록 3:20).

6
누가 당신을 진정으로 사랑하는가?

　사람들은 사랑 없이 살 수 없다. 어려서는 부모의 사랑을 받고 자라지만 성장해서는 나름대로 사랑의 대상을 찾아 나선다. 그러나 진정 사랑해 줄 수 있는 사람을 찾기란 정말로 어렵다.

　부모의 반대를 무릅쓰고 죽고 못 산다며 결혼을 하고서는 얼마 가지 않아 사소한 문제를 극복하지 못하고 원수처럼 헤어지는 젊은이들이 갈수록 늘어나고 있다. 누가 자신의 생명까지 바쳐가며 아낌없이 사랑할 수 있는가? 누가 당신의 마음을 진정한 사랑으로 위로해 줄 수 있는가? 만약 생명까지 희생하며 사랑해 줄 수 있는 사람을 찾는다면 그 사람은 정말 당신을 사랑하는 사람이라고 말할 수 있을 것이다.

　멕시코의 나코자리라는 작은 탄광촌에서 있었던 일이다.

　1907년도 저물어 가는 11월 어느 날 '가르시아'라는 기관사가 기차를 세우고 쉬고 있었다. 그가 몰고 온 기차에는 탄광촌에서 필요한 다이너마이트가 가득 실려 있었다. 갑자기 사람들의 웅성거리는 소리에 밖을 내다보니 뒤에 달린 화물칸에서 불길이 치솟고 있었다. 불길이 서서히 다이너마이트를 실은 화차로 옮겨가고 있었다. 기차역은 순식간에 아수라장이 되고 말았다. 만약에 다이너마이트를 실은 열차가 폭발하면 탄광촌 나코자리는 폐허가 될 뿐 아니라 수많은 사상자가 날 것이 틀림없었다.

그런데 갑자기 기차가 움직이기 시작했다. 기관사 가르시아가 기관차의 손잡이를 잡고 기차를 움직이기 시작한 것이다. 화염에 쌓인 열차는 속력을 내며 역 구내를 지나 마을 어귀를 빠져나갔다. 기관차의 기적 소리가 사람들의 귀에서 멀어져 가고 있을 때, 천지를 뒤흔드는 폭음이 나코자리 마을을 뒤흔들었다. 기차가 마을을 벗어나자마자 산산조각이 난 것이다. 기관사 가르시아도 기차와 함께 형체를 찾을 수 없을 만큼 비참한 죽음을 맞이했다. 가르시아의 장렬한 죽음이 나코자리 마을을 구한 것이다. 나코자리 마을 사람들은 지금도 기관사 가르시아의 이름을 기억하며 그들을 구원한 사랑의 사람이라고 말한다.

예수님께서는 우리의 죄를 위해 대신 십자가에서 죽으셨다. 우리에게 영원한 생명을 주시기 위해서 죽으셨다. 생명까지 아낌없이 주신 예수님은 오늘도 영원한 위로자로서 우리를 위해 사랑과 평안을 준비하고 부르고 계신다.

"인자가 온 것은 섬김을 받으려 함이 아니라 도리어 섬기려 하고 자기 목숨을 많은 사람의 대속물로 주려 함이니라" (마태복음 20:28).

"사랑은 여기 있으니 우리가 하나님을 사랑한 것이 아니요 하나님이 우리를 사랑하사 우리 죄를 속하기 위하여 화목 제물로 그 아들을 보내셨음이라" (요한일서 4:10).

7

깨어진 환상

    오래 살기 위해 사람들은 많은 노력을 하고 있다. 주변에서도 새벽부터 일어나 맑은 공기를 마시며 운동하는 사람들을 어렵지 않게 볼 수 있다.

    사람은 살아야 하는 이유가 있다. 태어났기 때문에 어쩔 수 없이 살다가 때가 되어 흙으로 돌아간다면 참으로 허무한 일이 아닐 수 없다. 성경에는 므두셀라라는 사람이 969년을 살았다고 기록하고 있다. 그러나 그가 어떤 삶을 살았다는 기록은 찾아볼 수 없다. 이렇듯 많은 사람들이 생의 연수만 채우고 간다. 이것저것 기웃거리며 목표와 소망을 수시로 바꾸며 살다가 죽어가는 것이다.

    데이비드 허버트 로렌스가 지은 「아들과 연인」이라는 책에는 이런 내용이 담겨져 있다.

    지적이며 세련된 상류풍의 교양을 갖춘 여인 거둘루드는 광부를 남편으로 맞이했다. 그녀는 나름대로 지적인 속박에 얽매이지 않고 생명력 넘치는 남자를 선택했다고 생각했다. 그러나 그의 환상은 얼마 가지 않아 깨어지고 두 사람의 부부 싸움은 그칠 줄 몰랐다. 그녀는 남편에 대한 모든 기대를 버리고 큰 아들 윌리엄에게 희망을 걸고 살았다.

    큰 아들은 장성하여 런던으로 나가 직업을 갖고, 약혼녀를 데리고 의기양양하게 고향을 찾아왔다. 그러나 폐렴에 걸려 갑자기 죽고 말았다. 너무나 큰 충격을 받은 거둘루드는 둘째 아들 폴에게 모든 사랑과 기대를 걸게 되었다. 폴은 얼마 동안은 좋은 직장인 노팅엄 회사에 입사하고, 전람회에 입상하여 어머니의 기대에 보답했다. 그러나 폴이 결혼 생활에 실패하고 방황하는 모습은 어머니를 참으로 괴롭게 만들었다. 둘째 아들 폴이 25세 되던 해에 그녀는 모든 희망을 빼앗긴 채 쓸쓸하게 죽어갔다.

살기 위해 노력하고 기대감과 희망을 품고 살지만 한 순간에 다가오는 패배감과 배신감으로 이를 가는 사람이 얼마나 많은가! 인생은 혼자서 계획하고 생각할 수는 있지만 그 결과에 대해서는 예측할 수 없다. 사람들은 자신이 대단한 존재인 것처럼 착각하며 산다. 어떤 사람은 스스로 하나님처럼 행동한다.

그러나 인간의 행복은 창조주이신 하나님의 손에 달려 있다. 인간을 만든 하나님만이 인간에게 복을 주실 수 있기 때문이다. 아직도 당신 스스로 행복할 수 있다고 생각하고 있는가? 환상에서 벗어나야 한다. 인생의 소망은 오직 하나님 뿐이다.

"여호와를 바라고 그의 도를 지키라 그리하면 네가 땅을 차지하게 하실 것이라" (시편 37:34).

8

기막힌 풍경

십자가에 아들을 못 받은 하나님의 사랑은 말로 표현할 수 없는 사랑이다. 예수님은 자신을 저주하는 백성들의 죄를 짊어지고 죽으셨다.

누가복음 23장 34절에는 예수님께서 십자가에 달려서 하신 말씀과 예수님을 죽인 원수들의 모습이 기록되어 있다.

"이에 예수께서 이르시되 아버지 저들을 사하여 주옵소서 자기들이 하는 것을 알지 못함이니이다 하시더라 그들이 그의 옷을 나눠 제비 뽑을새"(눅 23:34).

십자가에 죽으시면서 까지 하나님께 백성들의 죄를 용서해달라고 기도하고 계시는 예수님의 그 사랑과는 대조적으로 십자가 밑에서는 기막힌 광경이 벌어지고 있었던 것이다.

옛적 말과 마차가 다니던 시절에 존이라고 하는 청년이 젊고 아름다운 여성 메어리와 결혼하기로 약속이 되어 있었다. 어느 날 존이 길 모퉁이에 서 있는데, 고삐 풀린 말이 미친 듯이 마차를 끌고 길 아래로 질주하는 것이었다. 그런데 그 마차 속에는 약혼녀 메어리가 타고 있었다. 이 청년은 생각할 겨를도 없이 뛰쳐나가 말고삐를 잡고 늘어졌다. 이 청년은 말에게 한참동안 끌려갔고 말과 마차는 마침내 멈추었다.

그러나 이 청년의 몸은 말발굽에 밟히고 마차에 부딪쳐서 피투성이가 되었다. 약혼녀가 이 광경을 보고 마차에서 뛰어내려 존에게 달려갔

다. 존은 마지막 숨을 몰아쉬며 말했다. "메어리 정말 사랑해!" 그리고
는 숨을 거두고 말았다.

말이 미친 듯이 날뛰며 죽음을 향해 달려가듯이, 죄는 사망과 지옥
을 향해 달려간다. 우리도 이처럼 죄의 마차를 타고 죽음을 향해 달려
가고 있었다. 그러나 예수님은 자신의 몸을 돌보지 않으시고 골고다에
서 우리를 대신하여 십자가에서 죽으셨다.

예수님은 하늘의 영광을 버리시고 이 땅에 오셔서 치욕과 수모를
당하셨지만 여전히 최고의 사랑으로 지금도 죄인들을 부르고 계신다.

"이에 예수께서 이르시되 아버지 저들을 사하여 주옵소서 자기
들이 하는 것을 알지 못함이니이다 하시더라 그들이 그의 옷을
나눠 제비 뽑을새" (누가복음 23:34).

9
살아있다는 감격

살아있다는 것은 감사한 일이다. 우리의 몸은 살기 위해 여러 지체가 일을 하고 있다.

몸속의 혈액은 하루에 일억 육천 팔백만 마일을 달린다. 심장은 십만 칠백 번 정도 뛰고 있다. 뇌세포를 자그마치 하루에 칠백만 개를 사용하고 있다. 또한 하루 동안에 숨을 이만 삼천 사십 번을 쉬어야만 살아갈 수 있다. 생명은 저절로 주어지는 것이 아니다. 느낄 수 없는 세밀한 수고의 집합체이다.

사람은 평소에는 삶의 감격을 느끼지 못한다. 그러나 생명의 한계를 느끼는 순간부터 살아있다는 것 자체가 큰 감격이라는 것을 깨닫게 된다. 살아있다는 감격을 가지면 하나님에 대해 생각하게 된다.

하나님께서 창조하신 사람은 걸작품이다. 그 걸작품을 백 년 남짓 세상에서 살다가 일생을 완전히 끝내도록 만드시지 않았다. 비록 이 세상에서는 백년 남짓한 인생이지만, 영원한 천국을 준비하시므로 사람을 영원히 살 수 있는 존재로 만드신 것이다.

많은 사람들이 육체적인 죽음으로 모든 것이 끝난다고 생각하며 살아간다. 그래서 이 세상 것을 추구하기 위해 모든 시간과 정열을 투자한다. 그러다가 어떤 이는 나름대로 성취감을 얻고, 어떤 이는 분노와 좌절, 패배감으로 세상을 저주하기도 한다.

이 세상에 모든 성패를 거는 사람은 조급하고 불안해질 수밖에 없다. 그러나 하나님께서 세상을 만드신 이치를 알고 세상을 살면 삶이 평안하고 풍요로워진다.

예수님은 세상 사람들에게 이런 말씀을 하셨다.

"수고하고 무거운 짐 진 자들아 다 내게로 오라 내가 너희를 쉬게 하리라"(마태복음 11:28).

"나의 평안을 너희에게 주노라 내가 너희에게 주는 것은 세상이 주는 것과 같지 아니하니라 너희는 마음에 근심하지도 말고 두려워하지도 말라"(요한복음 14:27).

사람들은 이 말씀을 외면하며 비웃기도 한다. 그러나 예수님을 믿는 사람은 이 말씀을 뼛속 깊이 실감하며 살아간다.

하나님은 인생에게 살아있는 감격을 누리며 살기를 원하신다. 그래서 예수님을 이 땅에 보내주셨다. 예수님은 우리의 죄를 대신 짊어지고 죽으셨을 뿐 아니라 삼일 만에 부활하시므로 죄로부터의 해방과 함께 살아있는 감격을 누리도록 하셨다. 부활은 사람이 영원히 산 자의 감격을 누리며 살아야 할 존재임을 깨우쳐 주신 역사상 최고의 사건이다.

"예수께서 이르시되 나는 부활이요 생명이니 나를 믿는 자는 죽어도 살겠고 무릇 살아서 나를 믿는 자는 영원히 죽지 아니하리니 이것을 네가 믿느냐"(요한복음 11:25-26).

10

어떤 가족 이야기

구세군을 만든 윌리엄 부드가 어떤 가족에 대한 이야기를 한 적이
있다.

런던에 살고 있던 이 가족은 예수님에 대해 알기를 거부했다. 그들
은 그리스도인들에 대해 너무나 적대적이었기에 그리스도인들이 자기
집 대문을 넘나드는 것조차 허락하지 않았다.

어느 날 이 가정이 예수 믿기를 원하며 오랫동안 기도했던 한 소녀가
이 집 아들이 병들어 누웠다는 소식을 듣고 주위 사람들의 반대를 무
릅쓰고 이 집을 찾아가기로 결심했다. 소녀는 집 대문 가까이 가서 잠
시 안의 동정을 살폈다. 그때 안에서 아버지의 굵은 음성이 들려 왔다.

"얘야, 마음을 굳게 먹어라. 그리고 꼭 붙잡아라. 네가 혹 죽을는지
모르지만 죽음 뒤에는 아무것도 없단다. 우리가 여러 가지 책을 보았지
만 죽음 뒤에는 아무것도 없어. 이제 조금만 있으면 평안한 잠 속으로
빠져들 거야. 그것이 사람의 끝이란다. 그러나 마음을 굳게 먹어야 해."

잠시 후 어머니가 흐느끼며 말했다.

"사랑하는 아들아, 네가 떠나는 것을 보니 가슴이 찢어지는구나. 그
러나 두려워하지 마라. 우리가 내세의 가능성에 대해 다 알아보았지만
죽고 나면 아무것도 없단다. 그저 평안하게 잠드는 거야. 아무 생각 말
고 꼭 붙잡아라."

조금 후에 그의 누나의 소리가 들렸다.

"마음이 흔들려서는 안 돼. 우리는 오래 전부터 죽음 후에는 아무것도 없다는 결론을 내렸잖아? 넌 이제 곧 잠들게 될 거야. 그것이 전부야. 꼭 붙잡도록 해."

마지막으로 죽어가는 아들의 절망과 슬픔에 가득 찬 목소리가 가늘게 들려 왔다.

"알겠어요. 하지만 제가 꼭 붙잡을 게 아무것도 없잖아요. 저는 암흑 속으로 들어갈 텐데 암흑 속에서 제가 무엇을 붙잡을 수 있어요?"

참으로 무책임한 인생을 산 사람들의 이야기이다. 사람은 기계처럼 백 년 정도 살다가 마모되면 고물이 되어 쓰레기장으로 들어가는 존재가 아니다. 하나님께서는 영혼을 주셨다. 영혼은 짐승에게는 없다. 오직 사람에게만 있다. 짐승은 먹고 자며 주어진 시간만을 보내다가 죽는다. 사람이 영혼 없는 짐승처럼 살다가 죽어간다면 이는 참으로 허무한 일일 것이다.

죽음은 끝이 아니라 새로운 시작이다. 죽음의 건너편까지 당신의 손을 잡아 주실 분은 예수님밖에 없다. 예수님만이 우리의 손을 잡고 천국으로 인도하실 분이기 때문이다.

지금도 늦지 않았다. 예수님을 믿기로 고백하면 당신은 천국을 소유한 사람으로 확신에 찬 삶을 살게 될 것이다.

> "너희는 마음에 근심하지 말라 하나님을 믿으니 또 나를 믿으라
> 내 아버지 집에 거할 곳이 많도다 … 내가 너희를 위하여 거처를
> 예비하러 가노니 가서 너희를 위하여 거처를 예비하면 내가 다시
> 와서 너희를 내게로 영접하여 나 있는 곳에 너희도 있게 하리라"
> (요한복음 14:1-3).

11

지옥문을 막고 계신 분

스코틀랜드 북부 지방에서 있었던 일이다. 깊은 계곡을 가로질러 높은 철교가 있었다. 어느 날 밤, 심한 폭풍우로 계곡물이 넘쳐 철교의 중앙 부분이 급류에 휩쓸려 떠내려가고 말았다. 아침 일찍 양치는 소년이 부서진 교각을 발견했다. 만약 기차가 이곳을 지나간다면 수많은 승객이 계곡의 깊은 물속에 수장되는 대형사고가 일어날 것은 불 보듯 뻔했다.

소년은 기차가 오고 있는 쪽으로 달려갔다. 기차가 달려오는 것을 발견한 소년은 자신의 옷을 벗어서 철로 가운데서 미친 듯이 흔들었다. 기관사는 소년을 발견하고 빨리 철로를 벗어나라고 호각을 불었으나 소년은 꼼짝하지 않고 옷을 더욱 세차게 흔들었다. 기관사는 소년이 물러나지 않자 급하게 브레이크를 밟았다. 기차가 정차한 후 승객들이 무슨 일인가 하여 기차 바깥으로 나와서 자신들의 바로 눈앞에 죽음이 다가와 있음을 알고는 덜덜 떨며 하얗게 질렸다. 그때 기관사가 큰 소리로 외쳤다. "이쪽으로 와서 우리의 생명을 구해 준 위대한 소년을 보십시오." 그러나 소년은 형체도 알아보지 못할 정도로 갈기갈기 찢겨 비참하게 죽어 있었다. 기관사가 급하게 브레이크를 밟았지만 결국 소년은 기차에 깔려 죽고만 것이다.

예수님은 필사적으로 우리가 지옥으로 가는 것을 막으셨다. 우리가 지은 죄의 짐을 우리 대신 짊어지고 그 죄값 때문에 죽으셨다. 그리고 예수님이 바로 내 죄를 대신하여 십자가에서 죽으셨음을 믿기만 하면 천국을 주시기로 약속하셨다.

천국은 예수님 때문에 갈 수 있다. 그런데 아직도 자신의 공로나 노력으로 가려는 어리석은 자가 얼마나 많은지 모른다.

지금 예수님을 믿기로 결단한다면 그 어떤 절차도 없이 구원을 받게 될 것이다.

"내가 진실로 진실로 너희에게 이르노니 내 말을 듣고 또 나 보내신 이를 믿는 자는 영생을 얻었고 심판에 이르지 아니하나니 사망에서 생명으로 옮겼느니라"(요한복음 5:24).

"내가 복음을 부끄러워하지 아니하노니 이 복음은 모든 믿는 자에게 구원을 주시는 하나님의 능력이 됨이라"(로마서 1:16).

12
아직도 혼자입니까?

호화 여객선이 바다 위에서 갑자기 풍랑을 만났다. 승객들은 모두 놀라서 기절할 지경이었다. 그러나 선장의 어린 딸은 아무렇지도 않다는 듯이 인형을 가지고 침착하게 놀고 있었다. 사람들이 이상히 여기며, "너는 무섭지 않니?"라고 묻자, 선장의 어린 딸은 이렇게 말했다. "무섭지 않아요. 우리 아빠가 이 배를 운전하고 계시니까요."

하나님은 이 세상을 운전하고 계신다. 어떠한 인생의 폭풍도 하나님께서 운전하고 계심을 믿는다면 두려워할 필요가 없다.

사람들이 왜 두려워하고 불안해할까?

이는 하나님을 모르기 때문이다. 하나님은 멀리 있는 하나님이 아니다. 비나 눈을 내리시며 이 세상의 해와 달을 운행하시는 정도의 하나님이 아니라는 말이다.

하나님의 관심은 오직 사람이다. 바로 당신이라는 것이다.

하나님은 이 세상의 모든 사람을 자녀로 삼으시기를 원하신다. 예수님이 인간의 죄를 대신 짊어지신 구세주이시며 살아 계신 하나님의 아들이심을 믿기만 한다면 그 어떤 공로나 선행이 없어도 하나님은 당신을 하나님의 자녀로 삼아주신다.

"영접하는 자 곧 그 이름을 믿는 자들에게는 하나님의 자녀가 되는 권세를 주셨으니" 요한복음 1장 12절에 기록된 하나님의 약속이다.

하나님은 모든 인생의 하나님이 되기를 원하신다. 그리고 사랑하는 아버지가 자녀의 염려를 보고 내버려두지 않는 것처럼 하나님은 그의 자녀 된 자들의 염려를 보고만 계시지 않는다. 하나님은 인생의 어떤 어려움도 책임져 주기를 원하신다.

당신은 하나님의 자녀 된 복을 누리며 살고 있는가? 아니면 아직도 혼자인가?

"아무 것도 염려하지 말고 다만 모든 일에 기도와 간구로, 너희 구할 것을 감사함으로 하나님께 아뢰라 그리하면 모든 지각에 뛰어난 하나님의 평강이 그리스도 예수 안에서 너희 마음과 생각을 지키시리라"(빌립보서 4:6-7).

"강하고 담대하라 두려워하지 말며 놀라지 말라 네가 어디로 가든지 네 하나님 여호와가 너와 함께 하느니라 하시니라"(여호수아 1:9).

13

인생

1995년 4월 28일 오전 7시 51분 대구 시내 한복판에서 일어난 가스 폭발은 사람이 상상할 수 없는 아비규환의 현장이었다. 천지를 뒤흔드는 폭음과 함께 하늘로 치솟은 불길은 100명의 목숨을 앗아갔고 수많은 사람을 아픔과 고통 속에서 울부짖도록 만들었다.

100명의 희생자 중에는 42명의 영남중학교 학생과 한 명의 교사가 포함되어 있었다. 숨진 교사는 아침 일찍 아내의 배웅을 받고 집을 나서며 자신에게 주어진 이 세상에서의 시간이 얼마 남지 않았다는 사실을 상상해보지도 않았을 것이다. 차를 몰고 학교로 향하면서 학교에서의 하루 일과에 대해 생각했을 것이다. 학교가 보이는 지점에서 신호 대기에 걸려 승용차를 세우고 파란불이 켜지기를 기다리고 있는데, 버스를 타고 가는 3학년 형진이가 보이기에 손을 흔들어 인사를 나눈 것이 그의 마지막 순간이었다.

분향소가 설치된 시청각 교육실은 울음바다가 되었다. 3학년의 주현이는 그 전날 자기와 장난치던 단짝이 차디찬 시체가 되어 있다는 사실을 도무지 믿을 수가 없다고 울먹였다.

같은 시간 대구의 한 병원에서는 또 다른 울부짖음이 있었다. 5월 21일 결혼을 앞둔 예비 신랑이 사실상의 죽음인 뇌사 판정을 받고 침대에 누워 있었고, 그의 약혼녀가 하염없이 눈물을 흘리고 있었다. 어려서 디프테리아를 앓고 사경을 헤매다가 어렵게 살아나 이제 결혼을 앞둔 시점에 어이없는 참변을 당한 것이다.

죽음은 누구도 예측할 수 없다. 인생의 앞일을 누가 알 수 있겠는가?

그런데 사람들은 이 사실을 잊고 산다. 그래서 스스로 대단한 존재라고 착각하며 산다. 죽음의 공포가 엄습하기까지는 말이다.

성경에 나오는 인물 중에 사도 바울이라는 사람도 예수님을 만나기 전까지는 자신이 가진 것을 자랑하며 자신만만하게 살았다. 그러나 그 자랑이 배설물과 같은 것임을 깨닫고, 이후에는 예수만을 자랑하며 살았다.

인생이 추구하는 세상의 것들은 너무나 제한적인 것에 불과하다. 그러나 하나님은 인생의 주인이시다. 인간의 생명을 주장하시는 분, 복의 근원이 되시는 분이다. 그럼에도 많은 사람들이 하나님을 외면한다. 그리고 다른 곳에서 만족을 얻고자 애쓰며 산다.

하나님은 인생의 모든 문제의 해결자이시다. 인간의 죄 문제를 예수님을 통해 해결해 주셨고, 예수님을 믿는 자들에게 천국의 시민권을 주신다. 이 세상은 거쳐 가는 곳이다. 하나님은 우리를 위해 본향을 준비하고 계신다.

사도 바울은 사람들에게 눈물로 호소했다.

"그들은 육체의 욕망을 자기들의 신으로 삼고 수치를 영광으로 알며 세상적인 일만 생각합니다. 그러나 우리의 시민권은 하늘에 있습니다." (빌 3:19-20, 현대인의 성경).

"여호와께서 주시는 복은 사람을 부하게 하고 근심을 겸하여 주지 아니하시느니라" (잠언 10:22).

14

아버지와 아들의 일기

대화의 단절처럼 사람을 괴롭히는 것도 없다. 요즘 어린이 10명 중 2명은 아버지와 대화가 거의 없다고 한다. 더욱이 놀라운 것은 어머니와의 대화가 없는 경우가 20명 중 1명꼴이나 된다고 한다. 이는 사회가 파괴되고 있는 첫 번째 징조이다. 어린아이들은 부모와 함께 시간을 가지기를 좋아한다. 그저 용돈이나 주고 필요한 것을 사주는 것으로 해야 할 일을 다 했다고 생각해서는 안 된다.

미국의 유명한 외교관인 찰스 아담스는 유명한 역사가였던 부르크 아담스의 아버지이다. 그런데 부자(父子)가 같은 날 쓴 일기는 우리에게 많은 것을 생각하게 해준다.

아버지의 일기에는 이런 내용이 기록되어 있다.

"오늘은 아들과 함께 낚시를 다녀왔다. 하루를 낭비해 버리고 말았다."

같은 날 아들의 일기는 이와는 정반대의 내용이다.

"오늘은 아빠와 함께 낚시를 다녀왔다. 나의 일생에 가장 기쁜 날이었다."

자녀들이 대화하기를 원해도 부모가 바빠서 대화할 수 없는 시대가 되었다. 참으로 안타까운 일이 아닐 수 없다. 대화할 상대가 없는 어린이들은 손안에 있는 스마트폰으로 오락이나 게임, 유튜브 영상 등 온갖 매체를 통해 몸과 마음이 병들고 죄에 빠질 수밖에 없다. 대화의 단절은 자녀들을 탈선의 현장으로 몰아넣는 가장 큰 요인이 되는 것이다.

이와는 반대로 하나님은 자녀 된 우리와 대화하기를 원하신다. 언제나 기다리고 계신다. 그런데 자녀 된 우리가 시간이 없고 바쁘다는 핑계로 하나님과의 대화를 거부하고 있다. 인생은 하나님과 대화가 필요한 존재이다. 이 사실을 누구보다 잘 아시는 하나님은 성경에서 이 사실을 강조하고 있다.

"여호와와 그의 능력을 구할지어다 항상 그의 얼굴을 찾을지어다" (역대상 16:11).

"아무 것도 염려하지 말고 다만 모든 일에 기도와 간구로, 너희 구할 것을 감사함으로 하나님께 아뢰라" (빌립보서 4:6).

하나님은 우리가 대화를 요청할 때 거절하지 않으신다. 시간 약속을 받을 필요도 없다. 지금 바로 하나님을 부르라. 그러면 하나님은 즉시 만나주실 것이다. 이것이 바로 하나님께서 우리를 사랑하시는 확실한 증거이다.

"쉬지 말고 기도하라" (데살로니가전서 5:17).

15

두려움

옛날 아메리카 인디언들은 어느 정도 나이가 들면 남자아이들에게 담력을 키워주는 여러 가지 훈련을 시켰다. 그 중에 한 가지는 밤중에 맹수가 우글거리는 숲속에서 혼자 밤을 지내게 하는 훈련이라고 한다.

숲속에서 하룻밤을 지내는 소년의 두려움과 외로움이 어느 정도일지는 가히 짐작해 볼 수 있다. 행여나 사나운 맹수가 나타나지 않을까 하는 두려움은 그 어떤 말로도 표현할 수 없을 것이다. 그러나 다음 날 아침이 되면 소년은 아버지가 밤새도록 나무 뒤에서 화살을 뽑아들고 자신을 지켰다는 사실을 알게 된다. 아들이 밤새도록 두려워한 것은 부질없는 짓이었던 것이다.

그리스도인은 공포와 투쟁의 세상에 살면서도 두려워할 필요가 없다. 하나님의 보호의 손이 언제나 함께 하시기 때문이다. 하나님의 도우심을 확신하고 사는 사람과 혼자의 힘으로 사는 사람의 삶은 하늘과 땅의 차이이다.

당신이 발을 뻗고 잠을 잘 수 있는 근거가 어디에 있는가?

돈인가? 명예인가? 자신감인가? 젊음인가? 아니면 아름다움인가?

안타깝게도 이 모두는 일시적인 것에 불과하다. 잠시 후에는 내 곁을 떠나버릴 수밖에 없는 것들임을 알아야 한다.

예수님을 믿고 하나님의 자녀가 되면 두려움 없는 행복한 인생이 된다.

예수님을 믿는 데는 그 어떤 자격도 절차도 필요하지 않다.

예수님의 수제자 베드로처럼 "주는 그리스도시요 살아 계신 하나님의 아들이시니이다" (마 16:16)라고 고백하면 된다.

베드로의 이 고백을 쉽게 설명하면,

첫째, 예수님이 내 죄를 대신해서 죽으셨기에 나의 구원자(그리스도)임을 믿는 것이다.

둘째, 예수님이 살아계신 하나님의 아들이심을 믿으라. 예수님은 죄의 권세를 이기시고 부활하셨다. 예수님이 살아계시기에 우리가 믿을 수 있는 대상이 될 뿐 아니라 우리를 도우실 수 있다.

예수님께 당신의 전 생애를 맡겨드리면 예수님께서는 당신이 해결할 수 없는 문제와 모든 짐을 해결해 주실 것이다.

"내가 사망의 음침한 골짜기로 다닐지라도 해를 두려워하지 않을 것은 주께서 나와 함께 하심이라 주의 지팡이와 막대기가 나를 안위하시나이다" (시편 23:4).

마음을 같이하여 같은 사랑을 가지고 뜻을 합하며

한마음을 품어 아무 일에든지 다툼이나 허영으로 하지 말고

오직 겸손한 마음으로 각각 자기보다 남을 낫게 여기고 ―

(빌립보서 2:2-3)

Sketch of Life

CHAPTER. **3**

아름다운 삶을 위한 스케치

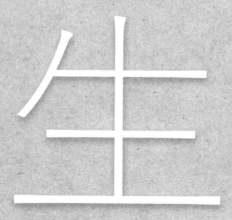

SKETCH OF LIFE

CHAPTER **3** SKETCH OF LIFE

1

이상적인 만남

오래 전 제자훈련을 하는 목회자들의 2박3일 세미나에 참석하였다. 3일간의 짧은 기간이었지만 많은 사람들과의 만남은 참으로 여러 가지 생각을 하게 하고 유익을 얻는 시간이 되었다.

만남은 삶에 결정적인 변화를 줄 수 있기 때문에 매우 중요한 것이다.

아들의 장례를 치르기 위해 장지를 향하던 나인성 과부에게 최대의 슬픔의 시간에 이루어진 예수님과의 만남은 그녀에게 있어서 그 무엇과도 바꿀 수 없는 최고의 기쁨의 시간이 되었고, 극적이며 또한 가장 이상적인 만남이 되었다.

어쩌면 사람들은 이상적인 만남에 대한 기대감으로 이 세상을 살고 있는지도 모른다.

사도 바울에게도 이상적인 만남이 있었다. 바로 브리스길라와 아굴라 부부와의 만남이었다. 바울과 같은 직업인 천막제조업자였던 이들 부부는 어디든지 바울과 함께 동행했고(행 18:1~4), 바울의 복음사역을 곁에서 도운 아름다운 가정이었다. 그 결과 바울에게 있어서는 죽으면서도 기억되는 부부가 되었던 것이다(딤후 4:19).

그런데 성경을 통해서 알 수 있는 중요한 사실 중에 한 가지는 브리스길라와 아굴라의 이름이 따로따로 기록된 적이 단 한 번도 없다는

데 있다. 그런 의미에서 처녀 브리스길라와 총각 아굴라의 만남이야말로 그들에게 있어서 가장 이상적인 만남이었다고 말해도 결코 틀린 말은 아닐 것이다. 참으로 이들 부부는 하나였다. 믿음도 하나였고, 생각과 꿈도 하나였기에 언제 어디를 가든지 무엇을 하든지 함께 했다.

사람은 만남이라는 과정을 통해서 변하고 성장한다. 그러기에 이상적인 만남을 기대하고 소망해야 한다.

어느 날 주님께서 부르실 때, 좋은 만남에 대해 감사할 사람이 많아지길 간절한 마음으로 기대해 본다.

> "너희는 그리스도 예수 안에서 나의 동역자들인 브리스가와 아굴라에게 문안하라 그들은 내 목숨을 위하여 자기들의 목까지도 내놓았나니 나 뿐 아니라 이방인의 모든 교회도 그들에게 감사하느니라" (로마서 16:3~4).

> "사람은 홀로 살 수 없어서 사교적이 된 것이다." (세르반테스).

> "부자 친구 집에는 부를 때에만 가고 빈약한 친구 집에는 부르지 않아도 가라." (포르투갈 속담).

2
역경과 의지

　미국의 흑인 소녀 윌마 루돌프는 10살까지 소아마비로 목발을 짚고 다녔다. 그녀는 22남매 중 스무 번째로 태어났기에 많은 사랑을 받지도 못했고 불구인 육체는 그를 괴롭혔다. 그러나 그는 육체의 고통을 이기고 운동을 시작했고, 10년 후에는 로마에서 열린 제17회 올림픽에서 3관왕에 올랐다. 여자 달리기 100m에서 11초, 200m에서 24초, 그리고 400m릴레이에서 금메달을 목에 걸게 된 것이다.

　서울 올림픽 여자 농구에서 유고를 77 : 70으로 물리치고 우승을 한 미국 여자 감독 산드라케이 야우는 한쪽 가슴에 암을 앓고 있는 병자였다. 하지만 그는 우승에 대한 강한 집념으로 병과 싸우면서 결국 금메달을 소유하게 되었다.

　올림픽에서 금메달을 딴 사람 중에 그 누가 편안하게 지낸 사람이 있겠는가? 그들은 지옥과 같은 훈련을 견디었고 모든 것을 절제하며 오직 하나만을 생각하며 뛰고 달렸기에 우뚝 설 수 있었던 것이다.

　하나님께서 사람에게 의지를 주셨다. 의지란 뜻을 관철시키는 힘, 어려움을 참는 힘, 그리고 유혹을 물리칠 수 있는 힘이다.

　역경과 의지는 서로 뗄 수 없는 불가분의 관계를 가지고 있다. 의지 없이 역경을 이길 수가 없으며, 역경을 통해 의지가 빛나기 때문이다. 혹한을 지낸 나무일수록 더욱 푸른빛을 내듯이, 역경을 강한 의지로 이긴 사람들에게 인생의 승리가 주어지는 것이다.

그러기에 역경 없는 미완성보다는 역경을 통해서 우리를 자라게 하시는 것이 하나님의 뜻이 아닐까?

그렇다면 오늘 당신에게 주어진 고난에도 뜻이 있음을 알아야 할 것이다.

"인내는 연단을, 연단은 소망을 이루는 줄 앎이로다"(로마서 5:4).

"생각하건대 현재의 고난은 장차 우리에게 나타날 영광과 비교할 수 없도다"(로마서 8:18).

"가끔 어려움과 역경을 만나는 일이 결코 무의미한 일이 아니고 좋은 일인 것은 우리 자신의 마음속을 살피게 하기 때문이다."(토마스 아켐피스).

3
철부지

　프랑스 루이 14세의 손자로 16세에 오스트리아의 왕녀 마리 앙투아네트와 결혼하고 1774년 루이 15세의 뒤를 이은 루이 16세, 그는 큰 꿈을 품고 왕위에 올랐다. 의지가 약하고 결단력이 부족한 것을 제외하고는 나무랄 데 없는 왕이었다. 그러나 그는 재정적인 위기와 특권층의 반대에 부딪쳐 마음대로 개혁을 하지 못했다. 입헌군주제의 수립을 추진하던 중 파리 시민의 혁명 때문에 국외로 탈출을 시도하다가 붙잡혀 탕플탑에 유폐되고, 1793년 1월 처형되고 말았다. 한 때의 영화가 물거품이 되고 만 것이다.

　"나의 사전에는 불가능이 없다"고 큰소리치던 나폴레옹은 워털루에서 패배를 회복하지 못하고 세인트헬레나섬에서 1821년 5월 5일 섬 전체를 진동시키는 폭풍우와 함께 눈을 감았다.

　자신의 권력을 절대시하고 큰소리치던 수많은 제왕들과 독재자들의 호령은 역사의 뒤안길로 사라져갔다. 마치 철부지들이 부르는 합창의 메아리와 같이 마냥 오늘이 최고인양 떠들던 그 소리들…… 그들은 역사에서 사라졌다.

　빌라도의 법정 앞에서 수많은 군중들은 예수님을 향하여 "죽여라! 죽여라!"고 고래고래 고함을 질렀다. 그 일을 조종하던 유대 최고의 지위를 누리던 제사장들과 서기관들, 그리고 율법을 잘 지키기로 이름난

바리새인들은 그 속에서 흐뭇해하며 웃고 있었다. 하나님의 아들이라고 담대하게 외치던 목수 요셉의 아들 예수, 독사의 자식들이라고 죄를 질책하던 그 오만하게 보인 예수가 그들의 뜻대로 죽음 앞에서 침묵하고 있었기 때문이다.

그러나 그들은 일시적으로 예수님을 십자가에 못 박는 데는 성공했으나, 사흘 만에 부활하여 하나님의 아들이심을 입증하신 권세 앞에서는 두 손을 들고 말았다. 그 때 그 분노의 음성은 후손들에게 철부지들의 합창으로 현재까지 또렷하게 기억되고 있는 것이다.

오늘도 들린다.
시장에서 손님을 끌기 위해 고함치며 치고 박던
그 싸움의 소리……,
소리 높여 자기주장을 정당화하던 정치가들의
토론 소리……,
자칭 정의파로 남을 정죄하기를 서슴지 않는 나만의
진리의 소리……,
언젠가 하나님 앞에서 의미 없는 철부지들의 합창으로
남게 되겠지.

주님!
철부지임을 모르는 철부지이기 보다는
철부지임을 아는 철부지이게 하소서
내 소리가
철부지의 노래임을 아는
철 든 철부지이게 하소서.

"미련한 자는 명철을 기뻐하지 아니하고 자기의 의사를 드러내기만 기뻐하느니라"(잠언 18:2).

"사람에게는 세 가지 구별이 있을 따름이다. 첫째는, 신을 찾고 신께 봉사하는 사람이다. 이들은 현명하며 또 행복하다. 둘째는, 신을 찾을 수도 없고 찾으려고 하지 않는 사람으로 이런 사람은 지혜도 없으며 행복하지도 못하다. 셋째는, 신을 찾아 낼 능력이 없으나 신을 찾아내려고 노력하는 사람이다. 이 사람은 지혜는 있을는지 모르나 아직 행복하지는 못하다."(파스칼).

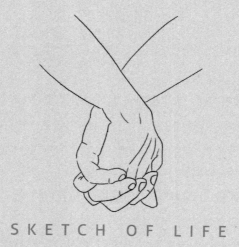

SKETCH OF LIFE

4

지식과 믿음

예수님의 제자 열두 명의 출신을 살펴보면 그렇게 내세울 만한 것이 없다. 대체적으로 사회적인 지명도가 낮은 이들을 예수님께서 선택하신 데는 나름대로 깊은 뜻이 있었을 것이다. 주님께 나아왔던 자들은 대게 사회에서 소외되었거나 크게 각광을 받지 못했다. 하지만 사회적인 지위나 명예를 소유 한 자들 가운데서도 큰 믿음을 가졌다고 칭찬받은 자들이 있었음을 주목할 필요가 있다.

아무리 좋은 지식이라도 믿음과 함께 하지 않으면 오히려 주님의 일에 걸림돌이 될 수밖에 없다.

예배당 건축에 있어 가장 걸림돌이 될 수 있는 사람이 바로 건축가이다. 건축에 대한 세상적인 지식을 유익하게 사용할 수도 있지만 오히려 방해가 될 수도 있기 때문이다. 교회 개척 당시 30만원으로 예배당을 건축하려는 젊은 전도사를 정상적인 사람으로 보는 건축가가 없었던 것을 보면 믿음 없는 지식은 하나님의 일에 도움이 되지 않을 때가 많은 것이다.

성가대 지휘자나 대원 중에 일반성악은 전공했으나 믿음이 없는 사람이 대다수라면 그 성가대는 하나님께 찬양 드리는 사명을 도무지 감당할 수 없을 것이다. 교회에서 세상적인 지식이나 취미를 우선하는 사람은 아무리 중요한 직책을 맡고 있다고 해도 하나님 나라에는 도움이 되지 않는다.

교회가 교회의 사명을 감당하기 위해서는 먼저 예수님의 뜻에 초점을 맞추어야 한다. 세상 지식의 최고봉이라고 자랑하던 사도 바울은 자신이 자랑하던 것들을 배설물이라고 서슴없이 고백했다. 세상 지식이 차지하는 하늘나라에서의 영향력을 실감했기 때문이다. 그러나 그가 믿음으로 주님께 굴복했을 때 그의 지식은 하나님의 나라를 위해 사용되었다.

세상의 취미를 교회에 가지고 들어와서 각종 모임을 만든다면 일시적인 교제의 즐거움은 있겠지만 그 자체가 영적인 도움이 될 수는 없다. 영적이지 못한 취미 중심의 모임이나 회의 등은 아직 믿음이 없는 사람들에게는 갈등과 실망을 줄 수도 있다. 믿음이 없는 자는 먼저 복음을 받아들이는데 도움이 되는 모임으로 인도하는 것이 가장 좋은 선물이 됨을 알아야 한다.

> "또한 모든 것을 해로 여김은 내 주 그리스도 예수를 아는 지식이 가장 고상하기 때문이라 내가 그를 위하여 모든 것을 잃어버리고 배설물로 여김은 그리스도를 얻고" (빌립보서 3:8).

> "예수님을 사랑하기 위해서는 세속적인 사랑을 버려야 한다." (토마스 아켐피스).

5

교회안의 배우들

예수님께서 어느 날 제자들에게 바리새인의 누룩을 주의하라고 말씀하셨다. 누룩은 본래 발효물질이지만, 이 발효를 부패와 동일시하였기에 악의 대명사였다. 바리새인의 누룩은 위선으로 형식과 외모만을 중요시하는 그들의 본성을 예수님께서 여러 번 지적하셨다(마 16:6, 눅 12:1).

'위선'의 원어인 '히포크리테스(hipokrites)'는 본래 '배우'라는 뜻으로 자신의 마음과는 전혀 상관없이 관객만을 염두에 두고 행동하는 것을 말한다. 위선자의 특징은 사람들에게서 영광을 얻으려 하기에 사람들의 마음을 맞추어 주는 일에 탁월한 재능을 발휘하는 것이다. 또한 바리새인들은 겉으로는 청결의 대명사처럼 행동했다. 그러나 엘리트라고 자부하던 그들이 예수님으로부터 위선자라는 판정을 받자 자신의 모습을 수긍하기 보다는 오히려 크게 반발하여 예수님을 제거하기 위한 음모에 가담했다.

이들의 또 다른 특징 중의 하나는 자기중심, 자기만족을 추구하는데 급급하기에 성령의 인도를 따를 수 없는 영적 무감각 속에 빠져 있는 것이다. 그러기에 예수님께서는 외식하는 자들에게 시대를 분별치 못하여 옳은 것을 판단치 못하는 자라고 책망하셨다.(눅 12:56~57)

하나님의 나라에 가장 장애가 되는 자는 예수의 배우들이다. 그들은 직분을 과시하고, 세상의 명예나 재물을 앞세우고, 자신의 특별한 재능과 높은 지식수준으로 기를 세운다. 오래된 신앙의 경력을 내세워, 정말 예수님을 사랑하고 예수님의 제자로 충성하는 일꾼들의 의욕을 저하시키며 사역에 걸림돌이 되는 경우가 많다. 더욱이 안타까운 것은 자신들이 옳게 사는 제자라는 착각에 빠져 있다는 것이다.

예수님은 결코 배우를 원하지 않으신다. 관객은 필요가 없기 때문이다. 오직 십자가를 지고 예수님을 따르고 전하는 제자를 필요로 하신다.

> "이르시되 이사야가 너희 외식하는 자에 대하여 잘 예언하였도다 기록하였으되 이 백성이 입술로는 나를 공경하되 마음은 내게서 멀도다" (마가복음 7:6).

> "사람은 혼자 있을 때 정직하다. 혼자 있을 때 자기를 속이지는 못한다. 그러나 좀 더 깊이 생각한다면 그것은 남을 속이는 것이 아니고 자기 자신을 속인다는 것을 알 것이다." (에머슨).

6
조급증

어느 날 집으로 돌아오는 길에 교통사고가 난 현장을 지나게 되었다. 오토바이가 나뒹구러져 있고, 3~4m 정도 떨어진 곳에 어떤 사람이 헬멧을 쓴 채 피투성이가 되어 엎드러져 있었다. 차들은 사고차량의 뒤에서 한 줄로 길게 서 있었다. 그 참혹한 현장은 인생의 나약함과 고통의 전율을 느끼게 하기에 충분했다. 의식을 잃고 길가에 쓰러져 있는 사람은 물론이거니와 얼마 후에 가족들이 당할 충격은 말로 표현할 수 없는 고통일 것이다.

차를 타고 다니다 보면 조급한 사람들 때문에 불안감을 감출 수 없을 때가 많다. 무엇이 그렇게 바쁜지! 건널목, 비탈길 상관없이 총알같이 달리는 것이다. 건널목 앞에서 잠시 멈추었다가 가는 외국인들의 느긋함은 우리가 본받아야 할 모습이 아닌가 생각해 본다.

어떤 일이든지 단기간에 끝장을 보고자 하는 조급 증세는 투기와 횡재를 기대하는 요행심까지 불러일으킬 수 있기에 참으로 큰 병이 아닐 수 없다. 또한 일을 빨리 처리함으로 대형사고의 위험부담과 아울러 믿을 수 없는 사람으로 낙인까지 찍힐 수 있는 것이다.

채근담에는 이런 글이 쓰여 있다.

"성질이 조급하고 마음이 거친 자는 한 가지 일도 이룰 수 없거니와, 마음이 화평하고 기상이 평온한 자는 백 가지 복이 모이게 되는 것이다."

세계 역사를 주름잡았던 로마가 이루어진 것은 오랜 세월의 결과라는 것을 "Rome was not built in a day(로마는 하루에 이루어진 것이 아니다)"라는 말을 통해서 알 수 있다.

그리스도인은 멀리 보고 나아가야 한다. 거북이가 너무 느려서 미련해 보이지만 목표에 도달하지 못한 토끼보다 훨씬 지혜로운 것이다.

제자 삼는 사역의 열매도 단기간에 얻을 수 없다. 인내해야 한다. 한 걸음 한 걸음 걷다 보면 어느 틈엔가 열매를 보며 놀라게 될 것이다.

> "너희가 열매를 많이 맺으면 내 아버지께서 영광을 받으실 것이요 너희는 내 제자가 되리라"(요한복음 15:8).

> "그러므로 형제들아 주께서 강림하시기까지 길이 참으라 보라 농부가 땅에서 나는 귀한 열매를 바라고 길이 참아 이른 비와 늦은 비를 기다리나니"(야고보서 5:7).

> "조급하게 주는 것은 아무런 유익이 없으며 새로운 잘못을 증가시킨다."(괴테).

> "인내를 가지지 못한 자는 지혜가 모자라는 자이다."(레만).

7

분열작업

오래 전에 「플래툰」이라는 영화를 본 적이 있다. 월남전을 소재로 한 내용이었는데, 살벌한 정글 속에서 베트콩들과의 접전을 벌이며 일어나는 비참한 모습이었다. 그런데 그들 안에서 일어나는 내부적인 갈등은 적이라는 큰 장애물보다 훨씬 더 큰 장애물이었다.

작가는 밴스와 라이어스라는 두 인물을 등장시켜 내부적인 갈등으로 스스로를 파멸시키는 과정을 보여주었다. 한 동료가 적에게 붙잡혀 비참한 죽음을 당한 것을 본 밴스는 마을 주민들 가운데 나이 많은 여자를 총으로 쏴 죽이는 등 이성을 잃은 행동을 한다. 이를 본 라이어스는 밴스의 야만적인 행동을 경멸하고 결국 두 사람의 싸움은 시작된다. 부대 내에서도 밴스와 라이어스의 패로 갈리고, 라이어스의 밀고를 두려워 한 밴스는 전쟁 중에 라이어스에게 총을 쏴 부상을 입히고 죽음으로 몰아넣는다. 라이어스가 죽은 이유를 아는 신참병 테일러는 지옥과 같은 전쟁이 끝날 즈음 부상당한 밴스를 총을 쏴 죽인다. 테일러 역시 부상을 당하여 후송되는 헬기 안에서 적들과의 싸움보다 힘든 것이 의심과 증오라는 내부의 갈등임을 고백한다.

공동체에서 가장 중요한 것이 있다면 마음이 하나 되는 것이다. 이것은 가정에서부터 국가에까지 적용되는 원리이다. 특히 우는 사자와 같이 틈을 엿보는 사탄과의 전쟁 상태에 있는 성도들에게 제일 중요한 것은 바로 예수 그리스도를 통해 하나 되는 것이다.

하나 되지 못하고 아파하는 그리스도인들에게 초대 교회는 답을 보여 주고 있다.

언젠가 우리 교회도 하나 되자고 역설하고 있던 나에게 어느 집사님의 대답은 참으로 씁쓸한 뒷맛을 남기는 말이었다.

"목사님, 꿈꾸지 마십시오. 이 세상 교회에서는 불가능한 일입니다."

초대 교회 역시 지상의 교회였다면 오늘날의 교회는 왜 불가능한가?

사도행전 4장 32절을 보자.

"믿는 무리가 한마음과 한 뜻이 되어 모든 물건을 서로 통용하고 자기 재물을 조금이라도 자기 것이라 하는 이가 하나도 없더라."

예수님을 주인으로 모시고 사는 자들에게는 얼마든지 가능한 일이다. 각자의 주관과 지식, 고집을 성령의 인도하심에 맡길 때 비로소 한마음과 한 뜻이 될 수 있는 것이다.

성령의 인도하심을 외면하는 순간부터 의심과 증오의 보따리를 맨 사탄의 분열 작업이 시작된다는 사실을 기억해야 할 것이다.

"마음을 같이하여 같은 사랑을 가지고 뜻을 합하며 한마음을 품어 아무 일에든지 다툼이나 허영으로 하지 말고 오직 겸손한 마음으로 각각 자기보다 남을 낫게 여기고" (빌립보서 2:2-3).

"참된 신앙은 모든 힘의 일치다." (엔넬모젤).

8
귀한 귀머거리

살다 보면 못 볼 것도 많고 듣지 말았으면 하는 말들도 많다.

특히 오늘날은 사람들을 유혹하는 광고들과 미혹하는 언어의 홍수 시대이다. 분명 정한 마음으로 살기에는 어려운 시대이다. 이치에 어긋나는 말이나 분수에 맞지 않는 욕심을 조장시켜 죄의 길로 몰고 가는 말이라도 자신의 마음만 맞춰 주는 말이면 그저 "하하호호"하는 세상이기 때문이다.

중국 요 임금이 하루는 소부(巢夫)라는 자를 불러,

"이제는 내가 기력이 약하여 왕 노릇을 할 수 없으니 자네가 왕위에 앉아 내 대(代)를 이을 수 없겠는가?"라고 말했다. 소부는 정색을 하며 끝까지 거절했다. 그리고 곧 바로 강가로 달려가 흐르는 맑은 물에 귀를 씻고 있었다. 그 때 친구인 허유가 소를 몰고 물 먹이러 왔다가 이상히 여기며

"이 사람, 왜 귀는 씻고 또 씻는가?"라고 물으니

"내가 오늘 너무 가당치 않은 말을 들었기에 귀를 씻는 것일세."라며 자초지종을 말했다. 이 말을 들은 허유(許由)는 소에게 물을 먹이지 않고 돌아가면서

"어떻게 그런 물을 소에게 먹일 수 있나"라고 말했다고 한다.

이조 세종 때 사람 권절(權節)은 과거에 급제했는데 그는 남다르게

힘이 장사였다. 무예에도 능하여 당대의 남이장군과 함께 이름을 날렸고 단종 때에는 교리에까지 올랐다. 이 때 단종을 몰아내고 왕위에 오를 야심을 가졌던 수양대군은 권절에게 자신의 거사에 참여해주기를 은근히 권했다. 그러나 권절은 귀머거리 행세를 하며 못들은 체했다.

조카 단종을 내쫓고 수양대군이 왕위에 오르니 그는 초야에서 묻혀 살았다. 이후 세조는 계속해서 높은 벼슬을 제수했으나 귀먹은 척하고 거절했다. 또 한 번은 충청감사를 제수하니 이번에는 미치광이 행세를 하며 끝내 물리치고 은거생활을 했다.

유혹에 쉽게 넘어가는 천한 귀를 가진 것보다 귀머거리로 자신을 지키겠다는 모습은 현대의 요란한 광고 앞에서 흔들리는 사람들에게 큰 교훈을 준다.

귀머거리의 행복을 사모해야 할 사람이 아닌지 자신을 깊이 생각해보자.

"입으로 들어가는 모든 것은 배로 들어가서 뒤로 내버려지는 줄 알지 못하느냐 입에서 나오는 것들은 마음에서 나오나니 이것이야말로 사람을 더럽게 하느니라……. 이런 것들이 사람을 더럽게 하는 것이요 씻지 않은 손으로 먹는 것은 사람을 더럽게 하지 못하느니라."

"나는 마음이 온유하고 겸손하니 나의 멍에를 메고 내게 배우라 그리하면 너희 마음이 쉼을 얻으리니"(마태복음 11:29).

"나는 눈 멀고 귀 먹고 벙어리의 신세였건만 나의 일생은 참으로 아름다워라."(헬렌 켈러).

9

천대받는 예수

하루는 택시를 타고 가면서 운전사에게 복음을 전했다. 그런데 운전사는 "예수 자신이 뭔데 '수고하고 무거운 짐 진 자들아 다 내게로 오라 내가 너희를 쉬게 하리라'고 교만한 말을 하는지 그 말에 배알이 뒤틀려 예수 믿지 않는다."는 것이었다.

사실 예수님을 믿지 않는 사람들의 이러한 생각은 당연한 것인지도 모른다. 그런데 오늘날 성도들에게 예수님은 어떤 대접을 받는 지, 아니 나 자신으로부터는 어떤 대접을 받으시는 지 깊이 생각해 보아야 한다.

우선 예수라는 이름을 들으며 마음에 아무런 느낌이나 감동이 없다면 문제는 여기서부터 시작되지 않을까? 누구나 사랑하는 사람의 이름을 들으면 마음의 전율과 함께 그 이름을 마음속 깊이 귀하게 보존하려고 할 것이다.

예수가 피상적인 인물이며 나와는 멀리 있는 공상의 인물이라고 착각하며 살아가고 있는 기독교인들이 많다는 것은 참으로 안타까운 일이 아닐 수 없다. 어떤 큰 문제가 일어나야만 황급히 예수를 불러대는 세속적인 믿음은 아닌지, 너무 많이 들어서 이미 다 아는 예수 이야기 이제 그만 들어도 된다고 생각하며 십자가의 감격이 메말라버리지는 않았는지 자신의 신앙을 점검해보아야 할 것이다.

그들의 삶 속에 예수님의 뜻은 전혀 반영되지 않으며 그들의 모임 속에 예수님은 제외되기가 일쑤이다. 그러면서 입으로는 "부름 받아 나선 이 몸 어디든지 가오리다. 괴로우나 즐거우나 주만 따라 가오리다"라고 소리를 높인다.

영국의 유명한 설교가 스펄젼이 죽음에 앞서 말하기를 "나는 매우 쇠약하나 실로 평안하며 행복하다. 나의 신학은 지금 극히 단순하다…… 예수님께서 나를 위해 죽으셨다"라고 했다.

예수님께서 나의 죄를 위해 십자가에서 피 흘리며 돌아가셨고 그 분 때문에 내 삶 전체가 보장을 받고 인생의 종착점인 천국을 소유할 수 있음을 안다면 그분에 대한 나의 태도에 근본적인 변화가 있어야 할 것이다.

"너희는 내가 명하는 대로 행하면 곧 나의 친구라" (요한복음 15:14).

"예수님은 우리를 위하여 무슨 일이나 하실 수 있다." (월러드).

"주는 다함이 없는 생명의 샘이시니 영원히 마르지 않을 것이다. 누구든지 슬픔이 있거든 그에게 가서 위로하심을 얻을 것이요 마음이 곤하거든 그에게 가서 쉼을 얻을 것이다." (토마스 아켐피스).

10

수의 상징적인 의미

 교통사고로 입원하고 있는 성도를 문안하기 위해 병원으로 들어섰다. 계단을 따라 5층까지 갔는데 무심코 벽 쪽을 바라보니 6층이라는 표시가 보였다. 정신을 차려서 생각해 보니 병원에는 4층이 없다는 사실을 깜빡 잊어버렸던 것이다.

 사람들은 수의 의미를 중요하게 생각한다. 성경에는 수의 상징적인 의미가 나타나 있다. 1은 한 분 하나님의 유일성을 나타낸다.(신 6:4) 4는 세상의 수를, 3은 성부·성자·성령 삼위일체를 뜻하며(마 28:19), 6은 사람의 수를 의미한다. 세상의 수 4와 하나님의 수 3을 더한 7은 완전수(창 2:1~3), 10은 완성의 수(눅 19:17), 예수님의 제자와 이스라엘의 지파를 나타내는 12는 선택의 수를 나타낸다. 또한 하나님의 심판이나(민 14:33) 마귀의 시험은 40이라는 수로 나타났고, 짐승의 수, 즉 마귀의 수는 666이다.

 결국 사람과 숫자는 불가분의 관계에 있다. 그러기에 인간세상의 평가가 수의 개념 속에 있는지도 모른다.

 1983년 11월 29일 밤의 일은 아직도 기억에 생생하게 남아있다. 교회 부지를 구입할 때의 일로, 그 당시 평당 15만 원에 팔겠다는 땅을 완전수인 7이란 의미를 생각하며 7만원에 팔라고 염치없게 말했던 기억이 난다. 땅 주인이었던 김집사님은 그 말에 충격을 받았던지 밖으로 나가 한참 후에야 방으로 들어와서는 상기된 얼굴로 7만원에 팔겠다고 했다. 얼마나 놀랍고 감격적이던지… 하나님께서 알려주신 수의 상징적인 의미의 덕을 톡톡히 본 것이다.

비록 수의 개념과 함께 살아가지만 숫자에 끌려 다녀서는 안 되며, 오히려 하나님께서 원하시는 수를 스스로 만들어야 할 것이다.

> "그러나 너는 모든 일에 신중하여 고난을 받으며 전도자의 일을 하며 네 직무를 다하라"(디모데후서 4:5).

> "사명을 가진 사람은 그것을 이룰 때까지 결코 죽지 않는다."(리빙스턴).

11
인간의 관계성

   사람은 태어나면서부터 관계성을 갖고 있다. 가장 먼저 부모와의 만남으로 시작된 관계는 친척, 이웃, 친구, 스승 등 다양한 관계 속에서 살게 된다.

   복잡하고 혼탁한 세상에서 좋은 관계만을 맺고 살 수는 없다. 어느 때는 불편한 관계가 되기도 한다. 그런데 자신의 욕심을 채우기 위해 모든 관계를 무시하고 내팽개치는 사람도 있다.

   그러나 하나님께서 사람을 창조하실 때 관계 속에서 살도록 하셨기 때문에 인간관계는 너무나 중요하다.

   그런데 인간관계보다 우선되어야 할 것이 있다. 바로 인생의 주인이신 하나님과의 관계이다. 하나님과 바른 관계를 맺는 사람은 모든 인간관계를 바로 맺을 수 있기 때문이다. 십계명을 보아도 알 수 있다. 하나님과의 관계를 시작으로 부모와의 관계, 그리고는 남녀관계, 물질관계, 이웃관계를 명확하게 말씀하고 있는 것이다.

   목사로서 지난날을 회고해 보면 예수님과 바른 관계를 맺었던 사람들을 보면 언제고 변함이 없고 그들의 인간관계는 좋았다. 그러나 아무리 좋은 관계를 맺어도 예수님이 없으면 언젠가는 반드시 깨어졌던 사실을 기억한다.

   오늘날 예수님의 증인이라고 자처하는 수많은 사람들, 과연 그들이 이웃에게 형제들에게 얼마나 예수님을 전하고 있는가?

예수님과의 바른 관계가 아름다운 인간관계의 시작임을 안다면 일시적인 욕심 때문에 자신과의 관계만을 결코 주장할 수 없을 것이다.

예수님과 바른 관계를 맺었던 수많은 사람들, 즉 베드로와 제자들, 바울과 사도들, 스데반과 집사들, 폴리갑과 순교자들, 어거스틴과 교부들, 그리고 이름 없는 그리스도인들······.

마지막으로 영국의 YMCA창립자 윌리엄즈(Williams, Sir George)는 이렇게 질문했다.

"그대들은 일찍이 사람과 교제할 때에 예수 그리스도에 대한 말없이 말해본 적이 있는가?"

> "믿는 사람이 다 함께 있어 모든 물건을 서로 통용하고 또 재산과 소유를 팔아 각 사람의 필요를 따라 나눠 주며 날마다 마음을 같이하여 성전에 모이기를 힘쓰고 집에서 떡을 떼며 기쁨과 순전한 마음으로 음식을 먹고 하나님을 찬미하며······" (사도행전 2:44~47).

> "아무리 작은 일이라도, 아무리 큰일이라도 그것은 위대한 신의 계획의 일부이기 때문에 아무리 어려워도 따라가지 않으면 안 되는 것이다." (뮬러).

12

No!

마땅히 해야 될 일을 인정이나 안면 때문에 그르치는 경우가 많다. 어떤 경우든 이치에 어긋나면 분명한 태도를 취하고 바른 말을 해야 하는데 그러지 못하는 때가 있고 그 일로 큰 문제가 생기기도 하는 것이다.

어릴 적 어머니로부터 들은 기억나는 이야기가 있다.

미국의 어떤 어린이가 하루는 친구의 물건을 가지고 집으로 왔다 그러나 어머니는 그걸 대수롭지 않게 보았고 그 아들은 친구의 것을 가져와도 괜찮다는 생각을 가지게 되었다. 그 결과 아들은 이후부터 남의 것을 훔쳐오는 것에 대해 아무런 마음에 가책을 느끼지 않게 되었다. 그의 어머니가 아들의 행동을 모두 사랑으로 받아 준 것이 급기야 아들을 도둑으로 만들고 만 것이다. 결국 그는 성장해서도 온갖 나쁜 짓을 다하는 부랑아가 되었고, 이후 도둑질과 함께 살인까지 저지르는 범죄자가 되어 사형선고를 받게 되었다, 그는 사형 집행 전 마지막으로 어머니가 보고 싶다고 했다. 어머니를 만나 입을 맞추던 그 아들은 갑자기 어머니의 혀를 잘라버렸다. 그리고는 "어머니는 어릴 때 나의 잘못을 보고 왜 안 된다고 단 한마디도 하지 않으셨습니까? 입이 있어도 바른 말 못하는 혀를 두어서 무엇 합니까? 그래서 잘라버렸습니다"라고 말했다는 것이다.

영국의 저술가 스마일즈(Smiles Samuel, 1812~1904)는 그의 저서 「자조론」에서 이렇게 말하고 있다.

"마땅히 말해야 할 때 'No'라고 하는 것은 인생의 행복과 평화의 요건이다. 'No'라고 할 수 없거나 혹은 하기 꺼려하는 사람은 대개 몰락하고 만다. 이 세상에 악이 퍼지는 것도 우리가 'No'라고 할 용기를 가지지 못하기 때문이다."

잘못인 줄 알면서 거부하지 못하는 데는 몇 가지 요인이 있다. 우유부단한 성격과 화평이라는 미명 때문에, 혹은 권력과 같은 힘에 압도되었기에, 또는 인정이나 사랑 등 유혹의 요소 때문이라고 말할 수 있다.

미국 독립에 결정적 역할을 한 것도 바로 이런 요인이 작용했다는 사실을 아는 사람은 드물다. 영국 제독 하우가 메어리 말레이리라는 미모의 여인의 만찬회에 초대되었다. 그는 자신의 사명을 망각하고 부하들과 함께 만찬회에서 산해진미를 즐겼다. 그동안 워싱턴은 4,000여 명의 지원병을 급히 진군시켜 전쟁을 승리로 이끌 수 있었다.

개인과 가정과 교회를 파괴시키기 위하여 사탄은 밤낮없이 틈을 노린다. 사탄은 불의에 대하여 "No!"라는 말을 하지 못하는 자를 선택하여 공작을 시작한다는 사실을 기억해야만 할 것이다.

"오직 너희 말은 옳다 옳다, 아니라 아니라 하라 이에서 지나는 것은 악으로부터 나느니라" (마태복음 5:37).

"일을 성공시키기 위해서는 타인과 자기 자신에 대해서 "아니"라고 말하는 것을 배워야 한다." (D.A 레어드).

13

이상한 사람들

하루는 이웃교회 집사님의 차를 타고 심방을 가게 되었다.

집사님은 2차선 도로이기에 시속 60km를 밟고 있었다. 그런데 뒤를 돌아보니 차들이 줄을 잇고 있었다. 조금 있으니 바람을 일으키며 우리가 탄 차를 추월하여 대부분 앞질러 나갔다. 뭐가 그렇게도 바쁜지……. 그런데 그들은 추월하면서 우리 차를 신기하다는 듯이 한 번씩 쳐다보고 지나갔다. 그들의 얼굴표정도 갖가지였다. 빙긋이 웃기도 하고, 화난 얼굴을 하기도 하고, 바보 취급하는 얼굴 같기도 하고…….

분명 60km를 달려야 하는 길인데, 도대체 누가 비정상인지 구별을 할 수 없었다.

그들은 자신이 정상인이라고 생각하고 달리지만 분명히 이상한 사람들임에 틀림이 없다.

법을 잘 지켰는데도 바보취급을 하며 이상자로 몰아대는 이 세상은 그 옛날이나 지금이나 다를 바 없다. 노아 할아버지가 그랬고, 바울 사도도 미쳤다는 소리를 들었다. 구원의 길을 외치던 수많은 선지자들도 그랬다. 예수님까지도 십자가에서 못 박혀 돌아가셨다.

누가 무어라고 해도 정상적인 판단과 생각을 하고 정상적인 행동을 하는 사람이 많아질 때 공동체가 건강해지고 안전하고 행복한 공동체가 될 것이다. 나 한 사람이 중요하다. 이상한 사람들로 가득한 세상에서 하나님의 말씀대로 사는 정상인으로 빛을 발하므로 세상을 밝게 비추는 등불이 되어야 할 것이다.

> "이제 너희는 마음과 뜻을 바쳐서 너희 하나님 여호와를 구하라……"(역대상 22:19).

> "바울이 이같이 변명하매 베스도가 크게 소리 내어 이르되 바울아 네가 미쳤도다 네 많은 학문이 너를 미치게 한다 하니 바울이 이르되 베스도 각하여 내가 미친 것이 아니요 참되고 온전한 말을 하나이다"(사도행전 26:24~25).

14

진풍경

청년 중에 한 명이 훈련소에서 훈련을 마치고 자대 배치를 받는 날이었다. 몇몇 성도들과 함께 논산에 있는 연무대로 면회를 갔다. 면회 온 사람들의 행렬로 부대 앞은 벌써 북적였다.

사열을 마치자 여기저기서 훈련병을 부르는 가족들의 소리로 소란스러웠다. 6주 만에 만난 기쁨에 얼싸안기도 하고 훈련을 무사히 마친 데 대해 격려하며 칭찬하기에 바빴다. 고생했다고 건강은 괜찮으냐고 묻는 가족들의 질문에 멋쩍은 표정으로 별것 아니었다고 남자다움을 과시하는 모습도 보였다. 훈련병 한 명에 대체로 5~6명의 가족과 친척이 온 것 같았다. 각자 자리를 잡고 정성껏 준비한 음식을 먹으며 대화는 무르익어갔다. 여자 친구를 만난 어떤 훈련병은 알통을 내보이며 자랑하고 있었다. 그는 다양한 포즈를 취하며 마치 미스터코리아가 된 기분을 내고 있었다. 지나가던 사람들이 웬 구경거리인가 싶어 힐끔힐끔 쳐다보기도 했다.

바로 곁에는 한 훈련병의 어머니가 오랜만에 남편 친구를 만나 반가워하고 있었다.

"이게 얼마 만입니까? 여기 서서 수박이라도 한 쪼가리(쪽) 잡수이소"

그 말을 들으며 터져 나오는 웃음을 참았다. 그 많은 진수성찬 중에 왜 하필이면 수박 한 쪼가리인가? 그것도 서서 말이다. 반가움의 표시 치고는 참으로 촌스럽다. 많은 것으로 대접하고 싶은 인정의 표시가 너무도 소박하고 솔직한 것 같았다. 이 모습이 인생의 훈련장 안에서만 볼 수 있는 진풍경이 아닐까?

그런데 연병장에서 오지 않는 가족을 기다리며 외롭게 앉아 있는 훈련병들이 눈에 띄었다. 가족들과 함께 즐거운 시간을 보내는 훈련병들과는 정반대의 모습이었다. 왠지 마음이 쓰여 몇 번이고 고개를 돌려보았다. 가족이 없고 친구가 없고 이웃이 없는 자들의 고독한 모습이 연병장에 쓸쓸하게 앉아 있는 그들의 모습과 겹쳐졌다. 빈 연병장을 바라보며 무엇을 생각하고 있을까? 톨스토이가 한 말이 생각났다.

"사람이 고독하면 할수록 자기를 부르고 있는 하나님의 목소리가 잘 들리는 법이다."

만나야 할 사람을 만나지 못하면 불안해진다. 그리고는 분노하게 되고 이윽고 포기하게 된다.

만남의 기쁨을 위해 살아가는 모든 사건이 훈련이라는 개념 속에 포함된다는 나름대로의 진리를 깨닫고 집으로 돌아오는 봉고차에 몸을 실었다.

"병사로 복무하는 자는 자기 생활에 얽매이는 자가 하나도 없나니 이는 병사로 모집한 자를 기쁘게 하려 함이라 경기하는 자가 법대로 경기하지 아니하면 승리자의 관을 얻지 못할 것이며" (디모데후서 2:4~5).

"인간은 그가 의지하는 대로 행할 수는 있으나 의지하는 대로 되는 것은 아니다." (쇼펜하우어).

15

울먹이는 사람들

사람이 살아가는 방법과 스타일은 각양각색으로 나누어진다.

헨델과 바흐는 모두 유명한 음악가였으나 그들의 삶은 정반대였다. 헨델은 화려한 삶을 추구했기에 주위의 박수갈채 속에 명예까지 얻었다. 그러나 바흐는 화려하지도 요란스럽지도 않은 조용한 삶을 살았다. 그러나 후세의 사람들은 두 사람 모두를 유명한 음악가로 기억하고 있다.

화려하게는 살았으나 실속이 없는 사람들…….

박수갈채는 받았으나 만족을 모르는 사람들…….

화려하게 산 사람들의 주위에는 언제나 풍요로운 물질과 상황에 따라 변하기 잘하는 보호색을 가진 사람들이 맴돌았다. 반대로 사람들로부터는 크게 인정받지 못했으나 하나님의 인정을 받은 사람들도 있다.

세상 사람들의 평가는 참으로 불공평하다. 잔치를 베풀 수 있는 사람에게는 많은 사람들이 모여들지만, 오히려 남의 도움 속에서 살아야 하는 외로운 자들이 떠날 때는 언제 어디로 떠나는지 관심조차 보이지 않는 경우가 많다.

그러나 하나님의 사랑을 공평하게 받고 있는 성도들은 달라야 한다. 그런데 오늘 아침에는 한 할머니가 단 한 명의 환송도 받지 못한 채

울먹이며 먼 곳으로 떠나갔다. 비록 불공평한 사람들의 시야에서는 멀리 사라졌으나, 하나님께서는 끝까지 그를 사랑으로 바라보시며 함께 하실 것이다.

> "만일 너희 회당에 금가락지를 끼고 아름다운 옷을 입은 사람이 들어오고 또 남루한 옷을 입은 가난한 사람이 들어올 때에 너희가 아름다운 옷을 입은 자를 눈여겨보고 말하되 여기 좋은 자리에 앉으소서 하고 또 가난한 자에게 말하되 너는 거기 서 있든지 내 발등상 아래에 앉으라 하면 너희끼리 서로 차별하며 악한 생각으로 판단하는 자가 되는 것이 아니냐…… 하나님이 세상에서 가난한 자를 택하사……"(야고보서 2:2~5).

> "사랑이 하나님의 본질이요, 권능은 그의 권능보다 더 위대하다." (R.가네트).

16
외면당하는 사람들

　죽음을 앞에 두고 쓸쓸하게 지내는 사람들 중 아무 일도 이루지 못한 자들은 대체로 몇 가지의 공통점이 있다, 일을 내일로 미루는 습관이 있고 늦잠을 즐긴다. 술과 오락을 좋아하며, 남을 위해 봉사한 적이 없고 남의 도움에만 의지하며 사는 경우가 많다.

　게으름은 하나님과 사람으로부터 외면을 당하는 조건이 되기에 자신을 아주 불쌍한 자로 만들어버린다. 그런데 게으른 자들이 즐겨 사용하는 것이 핑계라는 무기이다. 결국 게으름과 핑계는 한 배에서 나온 형제라고 해도 틀린 말은 아닌 것이다.

　어떤 사람에게 두 아들이 있었는데 동생은 매사에 지혜로울 뿐 아니라 부지런하여 아버지의 사랑을 받았다. 그러나 형은 어리석을 뿐 아니라 게을러서 언제나 눈총을 받는 대상이 되었다.

　하루는 동생이 새벽에 일어나 밖에 나갔다가 은전 열 푼이 들어 있는 주머니를 주워서 집으로 돌아와 아버지에게 주었다. 아버지는 그때까지 깊은 잠에 빠져 있는 아들 방으로 들어가 흔들어 깨워 돈 주머니를 보여 주면서 "이건 네 동생이 길에서 얻어온 돈이야 네 동생이 일찍 일어나니 이런 돈이 생기지 않니? 너 같이 매일 해가 중천에 떠서야 일어나는 게으름뱅이에게는 평생 있을 수 없는 노릇이지!"라고 호통을 쳤다. 그러자 아직도 잠에서 덜 깬 큰아들은 눈을 부비면서 이렇게 대답했다. "아버지 말씀은 전부가 옳습니다. 그러나 만약 그 돈을 잃어버린 사람이 저처럼 아직 자리에 누워 있었더라면 그는 돈도 잃어버리지 않았을 것이고 슬퍼하지도 않을 것이 아니겠습니까?"

게으른 사람은 결코 행복을 소유할 수 없다. 요행이나 횡재에 대한 기대감으로 가득 차 있기에 노력하는 자들이 한없이 어리석게 보인다. '천리 길도 한 걸음부터'라는 말도 우스갯소리 정도로 취급하는 자만에 빠져 있는 사람인 것이다. 또한 요행을 바라고 사는 처지이기에 진실하지 못하고 항상 거짓으로 위장할 수밖에 없는 또 다른 죄를 범하게 된다.

마태복음 25장에 나오는 게으른 자는 자기에게 주신 한 달란트를 땅에 파묻는 잘못을 범했다. 결산의 시간이 다가왔을 때 주인으로부터 받은 칭호는 악하고 게으른 종이었고, 대가는 바깥 어두운 곳으로 쫓겨나는 벌을 받았다. 그 결과 통곡하며 이를 가는 고통 속에서 지낼 수밖에 없었다.

붙잡을 수 없는 시간 속에서 게으름으로 시간을 허비하는 자로 살아서는 안 된다. 무엇보다도 영혼 관리에 게으르므로 영원한 낙오자가 되는 잘못을 범하지 말아야 할 것이다.

"또 그들은 게으름을 익혀 집집으로 돌아다니고 게으를 뿐 아니라 쓸데없는 말을 하며 일을 만들며 마땅히 아니할 말을 하나니"(디모데전서 5:13).

"이런 것이 너희에게 있어 흡족한즉 너희로 우리 주 예수 그리스도를 알기에 게으르지 않고 열매 없는 자가 되지 않게 하려니와 이런 것이 없는 자는 맹인이라 멀리 보지 못하고 그의 옛 죄가 깨끗하게 된 것을 잊었느니라"(베드로후서 1:8~9).

"게으른 자는 산 송장이나 마찬가지다." (J.테일러).

17

폭군

남편들 중에는 아내를 자신의 소유물처럼 착각하는 사람들이 있다. 자신의 말에 무조건 복종해야 하며 오직 자신만을 위해서 존재해야만 하는 전근대적인 사고방식을 아직도 가지고 있는 것이다.

한 평생을 같이 살아야 할 대상을 고르기란 참으로 어렵다. 연애시절에는 이상형이었으나 결혼하고 보니 도무지 맞지 않는 것이 너무 많아서 고통스러워하는 부부들이 예상외로 많이 있다.

결혼하여 파탄에 이르는 가정들이 갈수록 늘어나고 있다. 결혼 후 2년에서 5년 사이에 이혼하는 가정이 전체 이혼의 절반에 가깝다고 한다. 자라온 환경과 개성이 다른 남녀의 일치가 얼마나 어려운가 하는 것을 실감할 수 있다.

어느 목사님께서 세미나 시간에 한 말이 생각난다. 세상 사람들은 이혼을 너무 쉽게 생각하는데 자신은 30년 이상 함께 한 아내와 어떤 일이 있어도 헤어질 수 없다고 했다. 그 이유는 30년 동안 성격과 개성을 잘 맞추었기에 그 어떤 사람이 들어와도 30년 동안 맞춘 이 조화를 결코 능가할 수 없기 때문이라는 것이었다.

가정의 행복은 이해와 용서를 할 수 있는 사랑이 없이는 불가능한 것이다.

영국의 정신분석학자로 목사였던 구울드는 가정의 행복에 대해 이렇게 말하고 있다.

"결혼 생활은, 두 어린 아이가 있는데 하나는 배가 아프고 다른 한 명은 머리가 아프다. 그래서 서로 자기를 먼저 위해 달라고 떼를 쓰는 것과 같다. 내가 알고 있는 비교적 성숙한 어떤 부부는 이 아픔에 대해 털어 놓고 말함으로 효과를 거두고 있는데 '오늘은 내가 어린 아이가 되는 차례요' 하는 식으로 어리광을 부리며 자기의 차례를 기다린다."

부부는 결혼이란 사슬로 묶여 있기에 서로 발을 맞추어 걸어야 한다. 어느 누구의 독선이나 강한 주장은 두 사람 모두를 불행하게 만든다. 의무보다 권리를 주장하는 세상이기에 모두가 의무를 망각할 때 큰 불행이 다가올 수밖에 없는 것이다.

베드로 사도는 남편의 의무를 베드로전서 3장 7절에서 이렇게 말하고 있다. "남편들아 이와 같이 지식을 따라 너희 아내와 동거하고 그를 더 연약한 그릇이요 또 생명의 은혜를 함께 이어받을 자로 알아 귀히 여기라."

사도 바울은 골로새서 3장 19절에서 "남편들아 아내를 사랑하며 괴롭게 하지 말라"고 강하게 권면하고 있다. 아내의 의무에 대해 베드로 사도는 베드로전서 3장 6절에서, 아브라함의 아내 사라가 주라 칭하여 복종한 것 같이 하라고 했다. 결국 행복한 가정은 의무라는 조화 속에서 이루어짐을 알 수 있다.

폭군이 통치한 나라 중에 잘 된 나라가 없다. 가정에 문제가 있다면 자신은 가정의 폭군이 아닌지 남편들은 깊이 생각해 보아야 한다. 자신도 생각지 못한 폭군기질이 숨어 있지 않은지 아내로부터 점검을 받아보는 것도 좋을 것이다.

"이와 같이 남편들도 자기 아내 사랑하기를 자기 자신과 같이 할
지니 자기 아내를 사랑하는 자는 자기를 사랑하는 것이라"(에베
소서 5:28).

"남편들아 아내를 사랑하며 괴롭게 하지 말라"(골로새서 3:19).

18

멸망이라는 보자기 속의 큰 글자

사람의 마음은 참으로 간사하다. 겸손하던 사람도 재산과 명예가 주어지면 자만에 빠지고, 다른 사람으로부터 대우를 받으려고 한다. 주어진 복이 자신의 능력 때문이라고 생각하는 우월감을 가지게 되는 것이다.

하나님께서 가장 경계하신 것이 바로 이런 교만한 마음이다.

교만한 자에게는 몇 가지 특징이 나타난다.

① 예의가 없어진다. ② 자신의 부족을 은폐하기 위한 거짓이 많아진다. ③ 은근히 자신을 나타낸다. ④ 필요 없는 자존심을 내세운다. ⑤ 자신의 소관 밖의 일에 대해 쉽게 판단하며 간섭을 하게 된다.

인간의 최고 교만은 바로 하나님께 대한 불순종으로 이어진다. 하나님을 쉽게 생각하는 사람이 모든 일에 안하무인이 되는 것은 지극히 당연한 일일 것이다.

베냐민 지파 중에 이스라엘의 왕으로 선택된 사울은 지극히 겸손한 청년이었다. 그러나 왕이 된 후에 교만해져서 제사장만이 할 수 있는 불법적인 제사를 드리고, 아말렉과의 싸움에서 하나님의 명령을 어기므로 하나님의 진노를 샀다. 결국, 그는 하나님으로부터 버림을 받고 블레셋과의 싸움에서 그의 아들 '요나단' '아비나답' '말기수아' 3형제가 죽게 되는 비극을 맞이했다. 그 소식을 들은 사울왕도 자신의 칼로 죽음을 맞이했으니 참으로 비참한 최후가 아닐 수 없다.

여기서 사울의 교만이 불순종으로 이어졌음을 알 수가 있다. 자신의 권한 밖의 일에 대한 월권과 죄를 덮기 위한 거짓, 재물에 대한 욕심이 멸망이라는 보자기 속에 교만이라는 큰 글자와 함께 싸여 있었던 것이다.

교만한 자는, 부모의 유산을 미리 챙겨 떠나간 탕자가 모든 것을 잃어버린 빈털터리가 되어 아버지 앞에 무릎을 꿇었듯이, 어느 날 교만이라는 단어를 경멸하며 겸손이라는 단어 앞에 눈물을 흘리게 될 것이다.

"무례하고 교만한 자를 이름하여 망령된 자라 하나니 이는 넘치는 교만으로 행함이니라"(잠언 21:24).

"교만은 패망의 선봉이요 거만한 마음은 넘어짐의 앞잡이니라" (잠언 16:18).

"교만하여 저주를 받으며 주의 계명들에서 떠나는 자들을 주께서 꾸짖으셨나이다"(시편 119:21).

"나는 지금 누구에게나 겸손할 수 있다고 자랑하고 있는데 이것도 하나의 교만이다."(프랭클린).

"이기심을 버리는 것과 겸손은 사람들이 칭송하고 너그럽게 봐주는 미덕이다."(A.모르와).

19

황금 윤리

고대 리디아의 왕이었던 마이더스는 황금을 너무 사랑한 나머지 디오니소스 신에게 무엇이든지 손에 닿기만 하면 황금이 되게 해 달라고 간청했다. 그 소원이 이루어지자 그는 세상 모두를 얻은 것같이 기뻐했다. 그가 만지는 것은 무엇이든지 금으로 변했다. 이제 그의 눈에는 황금밖에 보이지 않았다. 식사시간에 음식을 먹기 위해 손을 대자 즉시 황금으로 변해 먹을 수가 없었다. 사랑하는 딸을 포옹하자 공주 역시 황금덩이로 변했다. 마침내 마이더스 왕은 후회하기 시작했고, 디오니소스 신에게 자신의 소원을 거두어가 달라고 간청하게 되었다. 디오니소스 신은 파크토로스라는 강에 가서 목욕을 하면 그 마법에서 벗어날 것이라고 가르쳐 주었다. 그리하여 마이더스 왕은 그 강에서 목욕을 하고 비로소 황금으로부터 해방되었다.

사람들은 황금을 좋아한다. 생의 중요한 목적이 황금을 모아 그것으로 즐거워하며 편안히 지내는 것이라고들 말한다. 그러나 황금을 사랑하는 자들은 언제나 고통을 당하게 되어 있다. 그것은 황금에 대한 욕망이 끝이 없기 때문이며 그 목적에 도달했다고 해도 황금을 지키려는 불안감 또한 크게 작용하기 때문이다.

그리고 황금은 사람의 양심을 무디게 만드는 커다란 자석의 역할을 한다. 그래서 돈은 인격 시험의 요소가 된다. 재물 많은 부자 청년은 예수님의 물질 시험에서 낙제를 당했고, 시몬은 돈으로 성령을 사려다가 망할 뻔 했다. 아나니아와 삽비라 역시 돈으로 교회에서 영향력을 행사해보려 했으나 성령을 속인 죄로 죽임을 당했다.

황금 때문에 부모와 자식 관계에 금이 가고 살인을 서슴지 않는 오늘날의 윤리를 황금윤리라고 한다. 그러기에 톨스토이는 "이 돈 때문에 얼마나 많은 슬픈 일이 세상에 일어나는가!"라고 탄식했다.

황금은 결코 의지할 것이 못되며 행복을 살 수 없는 것임을 알아야 할 것이다.

"돈을 사랑함이 일만 악의 뿌리가 되나니 이것을 탐내는 자들은 미혹을 받아 믿음에서 떠나 많은 근심으로써 자기를 찔렀도다"(디모데전서 6:10).

"천재는 돈 이상의 가치가 있는 것을 위해 일한다." (레어드).

"돈은 비열한 인간으로부터 비열한 취급을 받지 않기 위해서 필요하다." (칼라일).

20
시한부 인생

병원에서 한 청년이 암이라는 진단을 받았다. 그는 앞으로 6개월 밖에 더 살 수 없다는 것이었다. 그런데 정작 그 청년은 아무것도 모르고 퇴원 후의 계획들을 설계하여 병문안 오는 친구나 부모에게 이야기했다. 암이라는 사실을 아는 사람들은 그의 계획이 크면 클수록 아련함과 안타까움을 느꼈다.

모든 것을 마음먹은 대로 할 수 있는 것 같이 자신감에 찬 인생들……

하나님께서 보실 때에 모두 시한부 인생이다.

시한부 인생임을 모르고 세우는 거창한 계획들은 하나님께서 보실 때에는 아무런 의미가 없는 것이다.

인생의 우매함은 바로 때를 모르는 데 있다.

날 때와 죽을 때,
심을 때와 거둘 때,
헐 때와 세울 때,
침묵을 지킬 때와 말할 때,
사랑할 때와 미워할 때,
전쟁할 때와 평화로울 때.

그러나 사람에게 주어진 큰 복이 있다. 영원을 사모하는 마음을 주신 것이 그것이다. 영원을 사모함으로 받을 수 있는 하나님의 선물은 시한부 인생들에게는 분에 넘치는 것이다. 그러나 그 선물도 하나님께서 주신 그 시간 안에서 받아야만 한다. 바로 영생의 선물을 받아야 하는 것이다.

그 누구도 자신에게 주어진 시한을 모른다. 그러므로 지금 선물을 받아야 한다.

내 것이라고 확신할 수 있는 시간은 바로 지금 뿐이기에 지금이라는 시간을 허비한다면 시한부 인생의 종착역에서 비극을 맛보게 될 것이다.

"너는 내일 일을 자랑하지 말라 하루 동안에 무슨 일이 일어날는지 네가 알 수 없음이니라"(잠언 27:1).

"하나님이 모든 것을 지으시되 때를 따라 아름답게 하셨고 또 사람들에게는 영원을 사모하는 마음을 주셨느니라"(전도서 3:11).

"예수께서 이르시되 내가 곧 길이요 진리요 생명이니 나로 말미암지 않고는 아버지께로 올 자가 없느니라"(요한복음 14:6).

"인생은 너무나 짧으니 비루하게 살 수 없다."(디즈레일리).

"어떤 사람도 나의 생명이 짧은 것을 믿지 않는다."(존슨).

21

사라진도시들

세상에는 죄악으로 그 흔적을 찾아볼 수 없게 멸망한 도시들이 있다. 그 중에 소돔과 고모라, 스보임, 아드마 등은 그 자취가 사해(死海)라 하는 이들도 있다. 그 외에도 폼페이 등이 있다.

소돔 평원은 아름다웠다. 그래서 롯은 그곳을 선택했다. 그러나 하나님께서 사람들에게 주신 아름다운 자연은 죄악으로 불바다가 되었다. 인간의 죄가 얼마나 무서운 결과를 가져오는가를 알 수 있다.

하나님께서 소돔과 고모라를 멸하시기로 작정하셨을 때 아브라함은 하나님께 열 명의 의인만 있으면 용서해주실 수 있느냐고 물었다. 이 질문에 하나님은 쾌히 승낙하셨으나 안타깝게도 열 명의 의인이 없었다.

찰스 알렌 박사가 현대 교인들을 상대로 조사한 통계에 의하면, 교회에 등록은 했으나 출석하지 않는 사람이 등록인의 20%이며, 등록교인의 25%는 기도하지 않고 있으며, 35%는 성경을 읽지 않으며, 40%는 헌금을 드리지 않으며, 60%는 기독교 서적을 전혀 읽지 않으며, 70%는 교회에서 아무 일도 하고 있지 않으며, 85%는 단 한 사람도 전도해본 적이 없는 자들이라는 것이다.

그런데 더더욱 놀라운 것은 100% 모두가 천국을 원하고 있다는 사실이다. 우리 주님은 이런 사실을 미리 아셨을까? 그래서 "인자가 올 때에 세상에서 믿음을 보겠느냐?"고 하셨는지도 모른다.

앞으로는 죄악 때문에 사라지는 도시가 결코 생기지 않을 것이라고 그 누구도 말할 수 없다. 날이 갈수록 더 악해져 가는 세상, 온갖 악한 법으로 치장하며 하나님을 대적하는 미련한 사람들…… 그리고 곧 사라져 갈 이 땅의 도시, 이 땅의 영화에 빠져 소돔과 고모라를 만들어 가고 있다. 이런 세상에서, 우리 조국 대한민국이 하나님의 진노로 사라져 버리는 일이 없기를 간절히 소원하며, 의인 열 명 안에 포함되어야 한다는 사명감을 가지고 살아야 할 때이다.

"나더러 주여 주여 하는 자마다 다 천국에 들어갈 것이 아니요 다만 하늘에 계신 내 아버지의 뜻대로 행하는 자라야 들어가리라" (마태복음 7:21).

"기독교는, 사람 자체에는 끝내 소망이 없다는 극단적인 비관론과, 그리스도 안에서는 한없는 가능성이 있다는 극단의 낙관론을 합한 것이다." (버로우).

22

우상과 보석

사람의 마음속에 숨어있는 반항심은 그 무엇엔가 자신을 심취하게 하고, 반면에 거의 모두를 포기하는 양면성을 가지고 있다고 볼 수 있다. 그런데 이 반항심은 그 결과를 파국으로 몰아가는 경향이 많다.

하나님에 대한 반항심은 우상숭배라는 방법으로 나타나는데, 이는 극한 이기심의 발로라고 말할 수 있다.

우상숭배의 기원을 보면, 아브라함의 조상들과 그의 고향 갈대아 우르에서 널리 행해졌으며(수 24:2), 야곱의 외삼촌 라반의 집에서도 행해졌다(창 31:19~25). 그 외에 애굽과 바벨론, 앗수르 등의 국가들은 우상숭배를 통해 국가의 번영과 발전을 꾀하려고 하였다. 그러나 하나님께서 우상을 결코 용납하지 않으셨기에 애굽의 우상들을 치셨고(민 33:4), 십계명을 통해서 엄하게 금하셨다. 그러나 자신들의 유익을 구하기 좋아하는 이스라엘 백성들은 금송아지라는 우상으로 하나님께 도전했다. 그 결과 하루에 3,000명이나 죽는 큰 재앙과 무서운 전염병으로 고통을 당했다. 이후 우상숭배의 역사는 이스라엘 백성을 끝까지 유혹하므로 이스라엘이 멸망하는 원인이 되었다(왕하 17:5~23).

성경에 나타난 우상숭배는 ① 비이성적(행 17:29) ② 귀신과의 교제 (고전 10:20~21) ③ 부정함(고후 6:15~18) ④ 무법의 발생원인(벧전 4:3)이 된다고 평가하고 있다.

우상은 기능공이 주조하여 금세공업자가 금을 입혀 은사슬로 장식한다. 가난한 사람은 썩지 않는 나무를 구해 솜씨 좋은 조각가에게 부탁하여 신상을 조각하여 흔들리지 않는 상을 만든다(사 40:19~20). 그러나 이 우상은 일정한 곳에 서서 움직이지 못하며, 사람이 기도해도 응답하지 못하는 존재이다. 우상은 어려움이나 위기에서 전혀 도움을 주지 못하는 장식품에 불과하다는 사실을 알아야 한다(사 46:7).

인도의 정복자 마후드가 가자례시를 정복했을 때 그는 평소와 같이 전리품인 우상들을 부수기 시작했다. 그런데 15피트쯤 되는 우상을 부수려 하자 그 우상만은 깨뜨리지 말라고 승려들과 신도들이 간절히 부탁했다. 그러나 그는 못 들은 체 망치로 우상을 부숴버렸다. 그런데 놀랍게도 그 속에서는 수많은 보석이 나왔다. 우상은 그들의 이익의 대변자였고 부의 금고 역할을 했던 것이다.

결국 우상은 욕심의 결정체로 기복사상과 물질지상주의를 창출했다. 또한 윤리적인 면에서는 오히려 타락을 가져왔기에 더 큰 하나님의 진노를 사서 재앙을 불러오는 큰 원인이 되었다.

윌리엄 카우퍼(William Couper)의 기도가 우리 모두의 기도가 되기를 바란다.

> "내가 사랑하는 우상을, 그것이 어떤 것이건 간에
> 당신의 명령으로 깨뜨리게 도우소서
> 그리고 오직 당신만을 경배하게 하소서"

"너희가 음란과 정욕과 술취함과 방탕과 향락과 무법한 우상 숭배를 하여 이방인의 뜻을 따라 행한 것은 지나간 때로 족하도다"(베드로전서 4:3).

"믿음은 하나님을 보게 하고, 하나님은 믿음을 보신다." (아논)

23
배반

친구를 버린 자는 자신의 비굴한 행동에 대해 안팎으로 도전을 받게 된다. 가장 의리가 있는 세계가 주먹의 세계라는 사실을 사람들은 알고 있다. 그런데 오히려 정상적이며, 신사적이어야 할 세계에서 의리를 저버리는 배신의 행위가 흔하게 일어나고 있음은 서글픈 일이 아닐 수 없다.

중국 주나라 때 정치가였던 강태공의 아내 마씨(馬氏)는 남편이 매일 글만 읽는 것을 이해하지 못하여, 믿을 수 없는 남편이라 생각하고 남편을 버리고 말았다. 이후에 태공이 출세하여 제후의 직책을 받게 되자 도망쳤던 아내는 후회하면서 태공을 찾아와 용서를 빌며 다시 살기를 청했다. 이때 태공은 물 한 그릇을 땅에 쏟게 하고는 버린 물을 다시 그릇에 담으라고 하였다. 그러나 주워 담을 수 있는 것은 물에 젖은 흙뿐이었다. 태공은 한번 엎질러진 물을 다시 주워 담을 수 없다며 그녀의 청을 거절했다.

순간의 안일과 자신의 욕심을 억제하지 못하여 기쁨의 대열에서 탈락하는 자들을 보면서 안타까움을 금할 수가 없다.

예수님도 배신을 당하셨다. 가룟 유다는 자신의 인간적인 만족을 채우지 못하게 되자, 은화 30에 예수님을 원수들의 손에 넘겨줌으로 스스로 자신을 인간쓰레기로 만들고 말았다. 그의 결말은 비참했다.

예수님의 사랑을 전하는 제자로서 하나님 나라의 사역에 동참하겠다고 공언하며 사도 바울의 제자로 동역하던 데마는 세상을 사랑하여 바울을 버렸다.

　배반은 반드시 후회를 남긴다. 어리석은 배반자가 되어서는 안 될 것이다.

"도를 배반하는 자는 엄한 징계를 받을 것이요 견책을 싫어하는 자는 죽을 것이니라"(잠언 15:10).

"세상에 은혜를 모르는 자보다 악한 것은 없다."(칸트).

24
가룟 유다의 후예들

예루살렘 근처 베다니에 살고 있던 나사로의 누이 마리아가 어느 날 예수님의 발에 값비싼 향유를 붓고 자신의 머리털로 예수님의 발을 씻겼다. 그 모습을 보고 옆에 서 있던 가룟 유다는 이 값비싼 향유를 삼백 데나리온에 팔면 수많은 가난한 사람들을 도울 수 있는데 왜 허비하느냐고 힐난했다. 마리아의 감사 행위가 가룟 유다의 눈에는 대단한 낭비와 아무 쓸 데 없는 일로 보인 것이다.

그러나 예수님은 "나의 장사할 날을 위하여 가만 두어라 가난한 자들은 항상 너희와 함께 있거니와 나는 항상 있지 아니하리라"고 말씀하셨다.

언뜻 보기에는 가룟 유다의 주장이 더 현명하게 보이지만, 이는 지극한 이기주의와 물질주의적인 발상에서 나온 것임을 알아야 한다. 성경에 기록한 가룟 유다에 대한 평가가 이를 잘 보여주고 있다. 요한복음 12장 6절에 보면

"이렇게 말함은 가난한 자들을 생각함이 아니요 그는 도둑이라 돈궤를 맡고 거기 넣는 것을 훔쳐 감이러라"고 말씀하고 있다. 매우 인간미 있는 인도주의자로 보이나 사실은 정반대의 사람인 것이다.

나를 낳아준 부모에 대해 감사하는 마음으로 구입하는 선물을 돈으로 계산하면서 아깝게 여기는 자라면 그는 이미 지켜야 할 자리를

이탈하고 있는 사람일 것이다.

대체로 교회에서 유달리 구제를 강조하는 사람일수록 정작 교회가 필요로 하는 선교나 주님이 필요로 하는 헌신은 외면하는 경우를 보게 된다.

살기에 넉넉한 어느 직분자가 여러 성도들이 정성껏 교회의 물품을 구입하는 것을 보면서 "우리 교회 수준에 뭐 이런 게 필요합니까?"라고 말하며 오히려 이 돈을 가난한 자에게 돌리는 것이 낫지 않느냐는 식으로 말했다. 그러나 자신은 정작 가난한 자들을 돌아보지 않을 뿐 아니라 방관자 내지는 구경꾼으로 서 있었다.

세상의 사회적인 체면이나 인기에 영합하려는 사람일수록 사람들에게 호감을 줄 수 있는 발언을 서슴지 않는다, 하지만 그들이 주님으로부터도 칭찬받을 수 있다고는 말할 수 없는 것이다.

마리아처럼 주님을 사랑하는 마음으로 옥합을 깨뜨리고 향유를 붓는 헌신을 보면서 낭비라고 비난하며 냉소하는 사람들…… 자신도 모르는 사이 이런 사람이 되어 있지는 않은지 돌아보자. 가룟 유다의 결말이 주는 교훈을 마음에 새겨야 할 것이다.

"여호와의 눈은 온 땅을 두루 감찰하사 전심으로 자기에게 향하는 자들을 위하여 능력을 베푸시나니 이 일은 왕이 망령되이 행하였은즉 이 후부터는 왕에게 전쟁이 있으리이다 하매" (역대하 16:9).

"재물의 부족은 채울 수 있지만 영혼의 빈 곳은 회복할 수 없다." (M.몽테뉴).

SKETCH OF LIFE